제주사회의 여성결혼이민자들
- 선택과 딜레마, 그리고 적응 -

Female Marriage Immigrants
in Jeju Island, Korea

先人

제주사회의 여성결혼이민자들
선택과 딜레마, 그리고 적응

초판 1쇄 발행 2008년 1월 31일

저　자 ┃ 염미경 · 김규리
펴낸이 ┃ 윤관백
편　집 ┃ 전돈효
표　지 ┃ 전돈효
교정·교열 ┃ 김은혜 · 이수정
펴낸곳 ┃ 선인
인　쇄 ┃ 한성인쇄
제　본 ┃ 광신제책
등　록 ┃ 제5-77호(1998. 11. 4)
주　소 ┃ 서울시 마포구 마포동 324-1 곳마루B/D 1층
전　화 ┃ 02)718-6252
팩　스 ┃ 02)718-6253
E-mail ┃ sunin72@chol.com

정가 ┃ 22,000원
ISBN 978-89-5933-111-6　93900

■저자와의 협의에 의해 인지 생략.
■잘못된 책은 바꾸어 드립니다.

유네스코 베이징사무소
제주대 사회과학연구소

제주사회의 여성결혼이민자들
- 선택과 딜레마, 그리고 적응 -

염미경 · 김규리

서 문

> 젠더권리는 기본 인권과 문화적 권리에서 필수적인 요소가 되어야 한다. 이것은 젠더에 관계없이 모든 인류가 유년기부터 배워야한다.
>
> 문화와 개발에 관한 세계위원회 보고서
> 우리의 창조적 다양성, 유네스코, 1996, 278쪽

　유네스코는 교육, 과학 및 인문사회과학, 문화, 그리고 커뮤니케이션 분야의 사업을 통해 여성의 권리, 보다 넓게 젠더권리의 옹호와 지지에서 주요한 역할을 담당해나갈 것이다. 특히 유네스코의 인문사회과학부에서는 인권 향상 및 성 평등과 개발 장려를 위한 역할을 수행하고 있다. 오늘날 왜 여성들이 세계의 많은 곳에서 지금까지도 차별로 고통 받고 있는지 그 이해를 돕기 위하여 인문사회과학부에서는 대상 지역에 관한 사회제도, 문화관습, 그리고 법적 체제들을 연구한다. 그 연구들은 주로 경제적, 사회적 그리고 문화적 권리와 이들의 충분한 권리 향유를 가로막는 주요 장애물에 중점을 두고 있다. 성 평등과 여성인권에 관한 인문사회과학부의 프로그램은 특히 여성의 교육을 통해, 그리고 여성의 사회변화 참여를 통해 여성에 대한 모든 형태의 차별을 제거하기 위해 강력하고 일관된 책임을 다하고자 노력해오고 있다.

　유네스코의 목표는 세계화에 대한 이해를 나누고, 세계화의 영향에 관한 긍정적인 인식을 강화하는 메커니즘, 특히 문화적 다양성을 지지하는 데 있다. 동시에, 문화적 다양성에 대한 수용과 인식은 각기 다른 문화 간 담화를 통해 쉽게 서로간의 존중과 성숙된 이해를 도울 수 있다.

　유네스코 베이징사무소(조선민주주의인민공화국, 일본, 몽골, 중국인민공화국, 그리고 대한민국을 대표하는 유네스코 동아시아지

역사무소)는 제주대학교 사회과학연구소와 공동으로 "제주지역 여성결혼이민자의 문화적 갈등경험과 민관의 지원정책 및 서비스현황"에 관한 연구를 실시했다. 이 연구는 염미경교수를 중심으로 한 연구팀에서 제주도내 여성결혼이민자들, 특히 중국·필리핀·베트남·몽골에서 온 여성들의 사회경제적 권리 실태를 조사하고, 이들의 법적·경제적·사회적 권리 향상을 위한 정책제언을 하였다.

유네스코는 이 연구의 결과물인 『제주사회의 여성결혼이민자들 – 선택과 딜레마, 그리고 적응』이 문화적 다양성이 존중되는 제주사회 만들기와 여성결혼이민자들의 권리 향상을 위해 노력해오고 있는 모든 관련 분야의 관계자들로부터 지지와 격려를 받기를 바란다.

2007년 12월 18일

캐린 찰마크
유네스코 베이징사무소 인문사회과학부 서장

그동안 우리사회는 '인종'이란 용어를 언급할 필요조차 없을 만큼 '살색'의 피부색을 지닌 한국인들만이 존재하는 균질적인 공간으로 인식되어 왔다. 그러나 1990년대 이후 다른 피부색과 생김새를 지닌 이주노동자들이 한국사회에 가시화되면서, 이들을 통해 한국인들은 다른 피부색, 생김새, 그리고 문화 차이를 인식하게 되었다. 최근의 이주현상에서는 여성의 수와 비중이 현저히 증가하는 '이주의 여성화'와 외국인 여성과 한국남성 간의 국제결혼이 주목할 만하다.

현재 우리나라에 들어와 살고 있는 외국인 여성은 크게 세 부류로 나누어진다. 첫째 산업연수나 개인적 인맥 등을 통해 입국한 후 정규직 또는 비정규직에 종사하는 여성, 둘째 예술흥행비자(E-6, 일명 연예인비자)를 통해 입국한 후 성산업 등 서비스업에 종사하는 여성, 셋째 지방자치단체나 사회단체 또는 결혼중개업체 등을 통해 국민배우자비자(F2-1), 통칭 국제결혼형태로 들어오는 여성이 그것이다. 이러한 세 유형은 세계적으로 매우 유사한 현상으로, 이 중 국제결혼형태로 우리나라에 들어오는 여성결혼이민자는 현 단계 한국사회의 특성을 극명하게 보여준다. 즉, 1960년대부터 지속된 가족계획과 남아선호사상으로 인해 적령기 여성이 절대적으로 부족한 것이 우리의 상황, 게다가 교육수준이 높은 한국여성들이 농어촌에서 생활하기를 꺼려하면서 여성결혼이민자들의 존재는 이제 부인할 수 없는 현실이 되었다. 이들의 존재와 더불어 가족과 지역사회, 학교, 직장 등 다양한 장에서 민족국가를 넘어선 문화 주체들 사이의 일상적인 대면이 현실화되었다는 것이야말로 이전에는 찾아보기 힘든 우리사회의 새로운 현상이다.

이렇게 해서 한국인 남성과의 결혼을 통해 국내로 이주한 외국인 여성, 특히 여성결혼이민자들이 기존 한국사회의 문화적 스펙트럼

책을 내면서

에는 포함되지 않았던 다양한 문화를 운반해오는 결정적 역할을 하면서, 서로 다른 문화적 배경을 지닌 주체들이 상시적으로 관계를 맺는 상황을 만들어내고 있다. 다시 말해 국제결혼을 통해, 외국인 여성들은 한편으로는 출발지에서와는 전혀 다른 문화적 지형 속에, 다른 한편으로는 모두 다 한국인인 남편과 시댁식구, 이웃, 그 외의 다양한 한국인들에 둘러싸여 있게 되었다. 이와 동시에 여성결혼이민자의 남편과 시댁식구들은 단순히 배우자와 며느리를 맞이한 게 아니라 이제까지 경험하지 못한 새로운 문화를 운반해온 주체와 마주앉게 되었다. 게다가 국제결혼을 통해 우리나라에 입국해 거주하고 있는 여성결혼이민자들은 결혼과정에서 인권침해의 위험성이 있을 뿐 아니라 결혼 후에도 한국국민으로서의 온전한 자격을 인정받지 못한 채 각종 제도의 혜택으로부터 소외될 우려가 크다. 이와 더불어 여성결혼이민자들은 가족과 사회에서 문화적 차이를 인정받지 못한 채 고립된 상황에서 일방적인 감내와 적응을 요구받고 있다.

이러한 우리사회 전반적인 상황을 반영하듯, 제주사회에서도 국제결혼은 이제 빼놓을 수 없는 한 흐름이 되고 있다. 현재 제주에는 이미 3천 5백여 명의 다양한 국적의 외국인이 살고 있고, 국제결혼의 경우 결혼대상 국가도 중국동포(조선족) 및 한족에서, 일본, 필리핀, 태국, 몽골, 베트남, 그리고 우즈베키스탄 등으로 다양해지고 있다. 제주사회에서 여성결혼이민자는 수적으로 증가추세일 뿐만 아니라 출신국가는 물론 거주지역과 남편의 사회적 지위 등이 다채로워지고 있다.

제주사회에서 국제결혼을 통해 다문화가정이 늘어난다는 것은 여러 민족의 문화가 제주사회에 자연스럽게 녹아듦을 의미한다. 이러한 흐름에도 불구하고, 제주사회에서 다문화를 인정하고 수용하는 사고나 태도, 제도와 정책적 지원체계의 발전은 매우 미흡한 실정이며, 제주인과 결혼한 결혼이민자와 그 가정의 자녀에 대한 제주사회의 시각은 여전히 편견에서 벗어나지 못하고 있는 것이 현실이다.

바로 이 점에 착안하여, 이 책은 결혼이주를 선택한 '외국인' 여성, 특히 제주사회에 살고 있는 여성결혼이민자들의 이주와 삶이야기, 그들의 선택과 딜레마, 그리고 갈등과 적응을 그들의 시각으로 담아내고자 하였다. 결혼이주를 선택한 '외국인' 여성의 배경적 특성과 이주동기, 그리고 제주생활을 기록하고자 하였다. 이를 위해 삶이야기(life story) 접근을 시도하였다. 그들의 삶이야기로 아시아 출신 여성결혼이민자들의 생활을 조명하려고 하는 것은 그들에게 있어서 국제결혼을 통한 이주는 삶의 질을 향상시키기 위해 그들 스스로 택한 최선의 선택이었으며, 국제결혼을 한 '외국인' 여성들이 새로운 문화에 적응해가는 삶이야기 속에는 그들의 문화갈등 뿐만 아니라 정체성 갈등과 적응 등 주체적 행위성이 담겨있다고 보기 때문이다.

구술자료 수집은 2007년 7월부터 10월까지 이루어졌다. 제주외국인근로자센터와 서귀포종합사회복지관이 운영하는 프로그램에 참여하는 여성결혼이민자들을 중심으로 해서 눈덩이표집방법에 의해 조사대상 구술자를 선정하였다. 제주사회에서 여성결혼이민자들에 대한 접근이 어렵고 조사대상자에 대한 사전정보가 거의 없기 때문에 이들 두 단체의 결혼이민자 지원 프로그램에 참여하고 있는 여성결혼이민자들을 중심으로 표집대상자의 정보를 획득해 연구대상으로 적합한 여성결혼이민자를 선정한 뒤, 연구대상자를 점차로 확대해나가는 방법을 사용하였다. 선정된 구술자들은 기본적으로 정부와 지방자치단체, 시민단체가 지원하는 프로그램에 참여했거나 참여해오고 있다는 점에서 어느 정도 남편이나 시댁의 지원을 받고 있는 집단에 속한다. 따라서 이 연구의 조사에서는 극단적인 인권침해 상황에 처해있는 여성결혼이민자들은 표집에서 제외될 수밖에 없었다.

좀 더 구체적으로, 이 연구에서는 아시아출신 여성결혼이민자들을 대상으로 하되, 연구대상자 선정 시 여성결혼이민자들의 이주경로, 거주기간, 출신국가, 자녀 유무, 그리고 한국국적 취득 여부 등을 고려하였으며, 국제결혼부부의 이혼건수가 증가하고 있다는 점에서 이혼 경험이 있거나 가정폭력으로 이혼을 생각하고 있는 여성결혼이민자도 조사대상 구술자에 포함시키고자 하였다. 이를 통해 그들이 처한 상황과 이에 대한 그들의 인식에 따라 그들의 삶에 대한 해석이 어떻게 달라지는가를 조금이나마 드러내고자 하였다.

그러나 조사대상 구술자 선정과정에서의 이 같은 고려는 결혼해서 한국에 들어온 지 얼마 되지 않은 구술자가 선정되는 결과를 가져왔고, 결국 일부 구술자의 구술내용에서 부실을 가져왔다. 본 연구자들은 이것 또한 제주사회의 현실을 보여주는 것으로 생각해 구술자료 그대로를 이 책자에 담아냈음을 밝혀둔다. 이렇게 하여 중국 한족 5명, 중국 조선족 2명, 필리핀 4명, 베트남 2명, 몽골 2명을 조사대상 구술자로 선정하였다. 조사현장에 녹음기와 카메라를 갖추고 인터뷰상황을 녹음하고 촬영하였으며, 녹음내용을 중심으로 녹취록을 작성하였다.

이 책은 크게 세 부분으로 나뉘어져 있다. 제1부는 서론으로 제주사회를 중심으로 해 여성결혼이민자들의 삶이야기를 엮게 된 배경, 연구대상과 과정, 그리고 조사대상 구술자들의 특성을 담고 있다. 제2부는 여성결혼이민자들이 구술한 자신들의 이야기를 출신국가별로 구분해 원형 그대로 수록하였다. 마지막으로 제3부에서는 여성결혼이민자에 대한 정부와 지방자치단체의 지원서비스 실태와 시민사회의 지원네트워크, 그리고 다문화사회에서 지역사회 기반 구축을 위한 과제를 제시하였다. 영어판을 함께 수록하여 여성결혼이민자들을 조사대상으로 한 이 연구의 특성을 반영하는 동시에 이 책의 독자 폭을 넓혀보고자 하였다.

  수집한 자료의 양에서나 자료의 수준에서 볼 때 미흡한 부분이 많음에도 불구하고 조사자료를 책자로 엮을 수 있었던 것은 유네스코 베이징사무소의 연구비 지원과 제주대학교 사회과학연구소의 후원에 기인한 것이다. 이 점에서 유네스코 베이징사무소의 캐린 찰마크(Karin Czermak)와 고은경 선생님, 그리고 제주대학교 사회과학연구소의 송석언소장께 감사를 드린다. 구술면접대상자 선정과 자료수집에 도움을 주신 제주외국인근로자센터 내 '제주특별자치도결혼이민자가족지원센터'의 김산옥소장과 서귀포종합사회복지관의 이정현대리께 감사를 표한다. 이 책의 영어판 초고를 읽고 한국어식 영어표기를 꼼꼼하게 교정하는 데 수고를 아끼지 않으신 셔랜(Cher Ann Tabuzo)과 칼리(Carly Cohen) 선생님께도 감사드린다. 또한 이 책의 출판을 쾌락해주신 도서출판 선인에 감사를 드리며, 이 책이 향후 여성결혼이민자들에 대한 관심과 관련 연구의 활성화를 위한 작은 계기가 되었으면 한다.

2008년 1월
한라산 자락에서
염미경

서문

책을 내면서

제1부 여성결혼이민자의 삶이야기 쓰기의 배경

문제제기 - 결혼이주를 선택한 '외국인' 여성들 | 17
   1. 왜 여성결혼이민자의 삶이야기인가 _ 17
   2. 연구대상과 연구과정 _ 22
   3. 구술자들의 특성 _ 27
   4. 책의 구성 _ 35

제2부 여성결혼이민자의 주관적 세계와 삶
                    - 그들의 선택과 딜레마, 그리고 적응

중국에서 온 여성결혼이민자 | 39
   정해기 _ 41
   천퀀싱 _ 47
   왕후이 _ 53
   서동민 _ 57
   훠핑 _ 63
   이희옥 _ 67
   조옥란 _ 81

필리핀에서 온 여성결혼이민자 | 93
   마리사 _ 95
   멀린 _ 103
   네오날린 _ 107
   리아 _ 111

베트남에서 온 여성결혼이민자 | 121
   풍 _ 123
   마이 _ 129

목차

몽골에서 온 여성결혼이민자 | 133
    지쩨 _ 135
    김미수 _ 141

제3부 다문화사회, '새로운' 한국인 맞아들이기

지역사회의 지원서비스체계와 네트워크 | 153
    1. 지방자치단체의 지원서비스체계 _ 153
    2. 시민사회의 지원네트워크 _ 162

다문화사회, 지역사회 기반 구축을 위하여 | 167

참고문헌 | 173

영어판(English edition) | 179

마당

여성결혼이민자의 삶이야기 쓰기의 배경

문제제기 – 결혼이주를 선택한 '외국인' 여성들

문제제기
결혼이주를 선택한 '외국인' 여성들

1. 왜 여성결혼이민자의 삶이야기인가

최근 한국사회에서는 여성의 수와 비중이 현저히 증가하는 '이주의 여성화' 현상과 국제결혼이 주요한 흐름이 되고 있다. 특히, 국제결혼형태로 우리나라에 들어오는 여성결혼이민자는 현 단계 한국사회의 특성을 극명하게 보여준다. 즉, 1960년대부터 지속된 가족계획과 남아선호사상으로 인해 적령기 여성이 절대적으로 부족한 것이 우리의 상황, 게다가 교육수준이 높은 한국여성들이 농어촌에서 생활하기를 꺼려하면서 여성결혼이민자들의 존재는 이제 부인할 수 없는 현실이 되었다. 이들의 존재와 더불어 가족과 지역사회, 학교, 직장 등 다양한 장에서 민족국가를 넘어선 문화 주체들 사이의 일상적인 대면이 현실화되었다는 것이야말로 이전에는 찾아보기 힘든 우리사회의 새로운 현상이다. 2006년 4월 현재 결혼을 통해 한국에 입국, 거주하고 있는 여성결혼이민자[1]는 55,408명으로 한국계 중국인을 포함한 중국과 동남아시아 등 아시아개발도

상국 출신이 대부분을 차지하고 있다(행정자치부, 2006).
  이를 반영하듯 제주지역에서도 국제결혼 가정이 꾸준히 늘고 있다. 제주출입국관리사무소의 제주도내 외국인등록현황 자료(2007년 3월 말 기준)에 의하면, 제주지역에는 약 3천5백 여 명의 다양한 국적의 외국인이 살고 있다.

〈표 1-1〉 제주도내 외국인등록현황

자격/국적	총계	타이완	중국	일본	미국	캐나다	필리핀	인도네시아	러시아	몽골	방글라데시	베트남	기타국가
총계	3,343	285	1,589	163	215	85	139	128	31	84	20	302	302
D-2(유학)	232	5	188	7	0	1	0	0	2	9	3	4	13
D-3(산업연수)	626	0	445	0	0	0	12	52	0	7	10	39	61
D-6(종교)	26	0	0	2	17	0	3	0	0	1	0	0	3
D-8(기업투자)	9	0	0	3	1	0	0	1	0	0	0	0	4
E-1(교수)	13	0	5	2	2	0	0	0	2	0	0	0	2
E-2(회화지도)	228	0	17	11	104	65	0	0	0	0	0	0	31
E-6(예술흥행)	98	0	49	0	0	0	9	0	2	15	0	0	23
E-7(특정활동)	46	0	25	2	3	1	0	0	1	5	0	0	9
E-8(연수취업)	403	0	190	0	0	0	21	76	0	24	1	19	72
E-9(비전문취업)	140	0	60	0	0	0	1	0	0	2	0	62	15
F-1(방문동거)	139	10	44	31	41	2	0	0	0	0	0	1	10
F-2(거주)	94	90	0	1	1	0	0	0	0	0	0	0	2
F-2-1(배우자)	786	4	389	80	19	12	65	0	9	3	0	174	31
F-3(동반)	55	1	1	0	22	3	0	4	1	5	2	0	16
F-5(영주)	204	174	3	21	1	1	1	0	2	0	0	0	1
기타	244	1	173	3	4	0	27	0	8	17	1	1	9

* 기타국: 호주, 뉴질랜드, 우즈베키스탄, 스리랑카, 태국, 캄보디아, 파키스탄, 영국, 인도 등.

1) '여성결혼이민자' 개념은 2006년 4월 한국정부가 관련 정책을 발표하면서 공식적으로 채택한 것이다. 기존 연구들에서는 외국 출신자로서 한국인 남성과 결혼하여 국내에 거주하는 여성을 지칭하는 용어로 '국제결혼이주여성', '외국인주부', '이주여성' 등이 혼용되어 사용되었다. 이 연구에서는 공식적으로 채택된 '여성결혼이민자' 라는 용어를 사용하기로 한다.

제주출입국관리사무소의 제주도내 외국인등록현황 자료(2007년 3월 말 기준)에 의하면, 2007년 4월 말 현재 결혼을 통해 제주에 거주하는 결혼이민자는 총 766명으로, 중국(조선족 포함) 357명, 베트남 165명, 일본 79명, 필리핀 58명, 대만 27명, 태국 16명, 기타(미국, 러시아, 몽골, 우즈베키스탄, 네팔 등) 64명 등으로 수적으로 증가추세일 뿐만 아니라 출신국가는 물론 거주지역과 남편의 사회적 지위가 다채로워지고 있다(〈표 1-1〉 참조). 이 가운데 여성결혼이민자는 687명으로, 중국(조선족 포함) 344명, 베트남 165명, 일본 58명, 필리핀 58명, 미국 17명, 대만 17명, 태국 11명, 기타 34명이다. 또한 제주지역 결혼이민자들 중 한국국적을 가진 사람은 182명으로 중국(조선족 포함) 144명, 필리핀 22명, 일본 7명, 베트남 4명, 대만 2명, 기타 3명이다(제주출입국관리사무소 자료). 이 가운데 국적을 취득한 여성결혼이민자는 177명으로 중국(조선족) 142명, 베트남 4명, 필리핀 21명, 일본 7명, 기타 3명이다.

한편, 국제결혼이 늘어나면서 이혼 사례도 증가하고 있다. 2006년 국제결혼부부의 이혼건수는 79쌍으로 전년도 60쌍에 비해 31.7% 늘었고, 전체 이혼에서 차지하는 비중도 2005년 3.6%에서 4.9%로 1.3% 증가했다. 이 중 제주도민 남편과 외국인 처와의 이혼은 50건으로 중국 34건(68.0%), 베트남 7건(14.0%), 일본과 미국이 각각 3건(6.0%) 순으로 나타났다. 여기서 중국인 처는 타국에 비해 혼인 누적건수가 많아 이혼 비중이 높은 것으로 보이며 최근 국제결혼이 급증한 베트남인 처와의 이혼율도 높은 증가율을 보였다(『제주의 소리』 2007년 4월 25일자).

현재 우리나라에 입국해 거주하고 있는 여성결혼이민자들은 한국인 남성과의 결혼, 국경을 넘은 이동, 그리고 한국에 들어온 이후 적응과정에서 다양한 문제들에 직면해 있다. 결혼과정에서 인권침해의 위험성이 있을 뿐 아니라 결혼 후나 이혼할 경우 한국국민으로서의 온전한 자격을 인정받지 못한 채 각종 제도의 혜택으로부터 소외될 우려가 크다.

한편, 여성결혼이민자들이 기존 한국사회의 문화적 스펙트럼에는 포함되지 않았던 다양한 문화를 운반해오는 결정적 역할을 하면서 서로 다른 문화적 배경을 지닌 주체들이 상시적으로 관계를 맺는 상황을 만들어내고 있다. 다시 말해 국제결혼을 통해 '외국인' 여성들은 출발지에서와는 전혀 다른 문화적 지형 속에, 모두 다 한국인인 남편과 시댁식구, 이웃, 그 외의 다양한 한국인들에 둘러싸여 있게 되었다. 이와 동시에 여성결혼이민자의 남편과 그의 식구들은 단순히 배우자와 며느리를 맞이한 게 아니라 이제까지 경험하지 못한 새로운 문화를 운반해온 주체와 마주앉게 되었다. 이와 더불어 여성결혼이민자들은 가족과 사회에서 문화적 차이를 인정받지 못한 채 고립된 상황에서 일방적인 감내와 적응을 요구받고 있다.

국제결혼에 관한 기존연구는 크게 두 흐름으로 대별된다. 하나는 재야인권단체를 중심으로 한 여성결혼이민자의 피해사례 수집 및 대책 중심의 연구이며, 다른 하나는 사회복지학 및 인류학 그리고 여성학에서 이루어진 학계 연구이다. 전자는 여성결혼이민자의 문제를 사회전면으로 부각시키는 역할을 하였다. 학계 연구는 국제결혼 남녀의 국적에 따라 외국인 남성과 한국인 여성의 결혼에 관한 연구와, 한국인 남성과 외국인 여성의 결혼에 대한 연구로 나누어 볼 수 있다. 전자에는 제1세계 남성과 한국인 여성의 결혼연구(손학순, 1980)와 제3세계 남성과 한국인 여성의 결혼 연구(조성원, 2000; 전수현, 2002)가 있다. 한국인 남성과 결혼한 외국인 여성에 관한 연구는 2000년을 시작으로 꾸준히 발표되고 있다.

정부는 2005년부터 여성결혼이민자에 대해 관심을 갖기 시작했는데, 이와 관련해서는 설동훈 외의 연구(2005), 국제결혼중개업체의 실태조사(한건수 외, 2006)가 주목할 만하다. 이 연구들은 언론을 통해 부분적으로만 보도되어 오던 국제결혼의 전반적 현황을 포괄적으로 알리는 계기를 제공하였다. 국립국어원에서 시행한 여성 결혼이민자의 언어 및 문화적응에 관한 실태조사(왕한석 외, 2005)와 그외에 여성 결혼이민자와 그 자녀의 언어습득 및 교육에 대한 관심이 고조되면서 관련 부처의 실태조사도 진행되고 있다. 석사학위논문으로는 한국계 중국인 여성과 한국인 남성 간의 결혼에 대한 연구(성지혜, 1996; 홍기혜, 2000)가 있고 최근에는 한국 남성과 결혼한 우즈베키스탄과 필리핀 여성(신난희, 2004; 임안나, 2005), 베트남 여성(하밍 타밍, 2005)에 대한 논문도 나와 있다. 그 외 전라도 지역 한국남성과 결혼한 필리핀 여성에 대한 연구(윤형숙, 2004a, 2004b, 2005), 국제결혼 이주현황과 가족 문제에 대한 연구(이혜경, 2004; 이혜경 외, 2006), 농촌지역의 국제결혼 문제를 다룬 연구(김정태, 2005; 박재규, 2005; 한건수, 2006a, 2006b)가 있고 한국남성과 결혼한 아시아여성의 입장에서 결혼이주의 딜레마적 상황과 선택의 문제를 분석한 김민정 외의 연구(2006)가 있다. 다른 한편에서는 이론적 논쟁점에 주목하면서 여성주의적 시각에서 이주현상을 분석하기도 하였다(김은실, 2002, 2004; 이수자, 2004; 김현미, 2004, 2006).

이처럼 여성결혼이민자에 대한 국내연구는 한편으로는 정책적 수요에 의한 것이 다수를 차지하고, 기본적인 실태조사와 현황파악 위주로 진행되어 왔다. 이와 함께 해외 연구 시 채택된 세계화와 초국가적 관계, 이주의 여성화 등의 개념을 이용하여 한국적 상황을 보편적 현상으로 분석하는 작업도 진행되어 왔다.

현재 한국사회에서 여성결혼이민자는 수적으로 증가추세일 뿐 아니라 출신국가, 국내 거주지역, 남편의 사회적 지위 등에서 다양해지고 있다. 이에, 이 연구에서는 아시아 출신 여성결혼이민자의 제주생활을 살펴봄으로써 향후 지역단위로 존재하는 여성결혼이민자들의 삶에 대한 보다 심층적이고 체계적인 연구를 위한 첫걸음을 내딛고자 한다. 좀 더 구체적으로, 이 연구에서는 국제결혼을 통해 제주사회로 이주해온 아시아 출신 여성들의 삶이야기[2]를 담아내

---

[2] 이 책에서 사용한 '삶이야기'라는 용어는 생애사(life story)를 의미한다. 개인생애사는 개인의 지나온 삶을 자신의 말로 이야기한 기록을 말하며, 비중을 두는 내용에 따라 자료로서 생애사(life history)를 바라보는 관점과 텍스트로서 생애사(life story)를 바라보는 관점이 있다. 전자는 과거사실의 기록이라는 점을 강조하고 후자는 자기경험의 표현이라는 점을 강조한다. 특히 후자는 구술자 개인의 표현이나 주관적인 경험 자체를 하나의 역사 내지는 문화 간의 상호작용으로 인지하는 것과 관련된다.(염미경, 2003, 2005, 2006). 이 책에서는 후자의 관점에서 여성결혼이민자들의 개인 생애사를 바라보고자 하며, 생애사라는 용어대신에 '삶이야기'라는 용어를 선택해 사용했음을 밝혀둔다.

고, 이들에 대한 지원서비스 체계와 네트워크 현황을 살펴봄으로써 제주사회와 여성결혼이민자 간의 문화적 대면관계의 현실을 드러내고자 하였다. 우리사회 여성결혼이민자문제를 다룬 모든 조사보고서나 학술적 연구들에서 제주의 상황은 거의 다루어지지 않고 있다. 이에, 이 연구는 제주사회 여성결혼이민자들에 대한 지역단위의 자료생산과 함께 추후 제주사회 여성결혼이민자들에 대한 학술적·정책적 연구의 활성화에 기여하고자 시도되었다.

2. 연구대상과 연구과정

1) 연구대상과 방법

이 연구의 대상은 국제결혼을 통해 제주에 들어와 살고 있는 여성결혼이민자와 여성결혼이민자에 대한 지원프로그램을 기획·운영해오고 있는 정부부처와 지방자치단체를 비롯해 공공기관, 민간단체와 시민단체이다.

좀 더 구체적으로 말해, 제주지역에 거주하고 있는 아시아 출신 여성결혼이민자들이 이 연구의 주요 대상이다. 여성결혼이민자들에게 있어서 결혼과 이주는 그들의 삶의 질을 향상시키는 최선의 선택인 셈이고, 따라서 그들의 삶이야기 속에는 국제결혼 선택 동기와 제주에서의 생활경험이 담겨져 있으며 지역단위에 정착하는 여성결혼이민자가 경험하고 있는 문제들과 그에 대한 그들의 적응 실태를 엿볼 수 있다.

이 연구는 국내 혹은 제주의 여성결혼이민자의 현황을 문헌자료 및 통계자료를 통해 파악하는 동시에, 여성결혼이민자의 구술자료를 중심으로 하며, 이 작업은 2007년 7월부터 10월 사이에 수행되었다. 이 연구의 조사대상 구술자 선정방법을 좀 더 구체적으로 제시하면 다음과 같다.

조사대상 여성결혼이민자들의 선정은 눈덩이 표집(snowball

sampling)[3]을 활용하였다. 제주외국인근로자센터와 서귀포종합사회복지관이 운영하는 프로그램에 참여하는 여성결혼이민자들을 중심으로 해서 조사대상 구술자를 선정하였다. 이곳을 중심으로 조사대상자를 선정한 것은 여성결혼이민자들에 대한 사전정보가 거의 없어 이들에 대한 접근이 어렵다는 점 때문이다. 따라서 이 두 곳에서 운영하는 여성결혼이민자 지원 프로그램에 참여하고 있는 여성결혼이민자들의 정보를 중심으로 조사대상으로 적합한 여성결혼이민자를 선정한 뒤 조사대상 구술자를 늘려가는 방법을 사용하였다. 이렇게 하여 중국 한족 5명, 중국 조선족 2명, 필리핀 4명, 베트남 2명, 몽골 2명이 조사대상 구술자로 선정되었다.

이들 조사대상 구술자들은 지방자치단체나 시민단체가 운영하는 프로그램에 참여해오고 있다는 점에서 남편이나 시댁식구들의 지원을 받고 있는 사람들이다. 따라서 극단적인 인권침해 상황에 처해있는 여성결혼이민자들이 이 연구의 표집에서 제외될 수밖에 없었다는 한계를 가진다.

이상에서 제시한 바와 같이, 이 연구는 아시아출신 여성결혼이민자들을 대상으로 하되, 연구대상자 선정 시 여성결혼이민자들의 이주경로, 거주기간, 출신국가, 자녀 유무, 그리고 한국국적 취득 여부 등을 고려하였으며, 국제결혼부부의 이혼이 증가하고 있다고 볼 때 이혼경험을 가진 여성결혼이민자도 조사대상에 포함시키고자 하였다. 이를 통해 여성결혼이민자들이 처한 현실을 보여주고자 하였다. 녹음기와 카메라를 갖추고 구술자와의 인터뷰상황을 녹음하고 촬영하였으며, 구술자가 원치 않을 경우 사진촬영하지 않았다.

이렇게 수집된 구술자료의 녹취문을 작성한 뒤 이를 일정한 기준에 따라 분류해 원형그대로 수록하는 방식으로 여설결혼이민자의 삶이야기를 엮었다. 이와 함께 여성결혼이민자들의 지역사회 적응을 높고 사회석 통합을 쇠하기 위해 여성결혼이민사에 내한 시원프

3) 눈덩이표집 혹은 누적표본추출은 산 위에서 작은 눈덩이를 굴려 보내면, 내려가면서 눈이 점점 뭉쳐서 커지는 것에 비유한 표집방법으로, 연구대상자에 대한 접근이 어렵거나 사전정보가 거의 없어 새로 발굴해야 할 경우에 많이 사용하는 표집방법으로, 표본추출 틀의 작성이 곤란한 특정 집단에 대한 조사에서 사용되는 방법이다.

로그램을 기획·운영해오고 있는 정부부처와 지방자치단체를 비롯한 공공기관과 시민단체의 활동도 조사대상에 포함시켰다. 이들이 추진하고 있는 정책이나 활동을 살펴봄으로써 제주사회와 여성결혼이민자 간의 문화적 대면관계가 공적·사회적 영역에서 어떻게 제도화되고 있는지를 보여줄 수 있다고 보기 때문이다. 특히, 2006년 10월 제주특별자치도 여성정책과 내에 설치되었다가 2007년 들어 제주외국인근로자센터에 위탁한 결혼이민자가족지원센터, 다문화이해교육을 추진하고 있는 제주특별자치도교육청, 제주시 여성결혼이민자를 위해 운영되고 있는 '사이버쉼터', 그리고 이주여성 혹은 여성결혼이민자를 위한 활동을 전개해오고 있는 서귀포종합사회복지관, 공공도서관, 농협제주지역본부, 그리고 제주외국인평화공동체와 제주외국인근로자센터 등이 이 연구의 조사대상이다. 이들 관련 기관과 단체의 활동에 대해서는 관계자들과의 심층면접방법을 사용해 자료를 수집하였다.

2) 조사과정

이 연구는 유네스코 베이징사무소가 수행해오고 있는 '여성이주자의 경제적, 사회적, 문화적 권리에 관한 연구'의 일환으로 수행되었다. 이 연구의 구체적인 주제는 '제주지역 여성결혼이민자의 문화갈등과 지원네트워크'로, 염미경과 김규리로 구성된 제주대학교 연구팀에서 수행하였다.

앞에서 언급한 바와 같이, 자료수집은 2007년 7월부터 10월까지 이루어졌고, 이 기간 동안 지방자치단체를 비롯해 공공기관과 시민단체들을 방문하고 관계자들과 심층면접을 실시하였으며 조사대상 여성결혼이민자들을 중심으로 구술자료를 수집하였다.

먼저 지방자치단체를 비롯한 공공기관 및 시민단체에 대한 방문조사과정이다. 구체적으로, 제주특별자치도청 여성정책과 관계자와의 면접조사를 통해 정부부처와 지방자치단체의 결혼이민자에 대한 지원정책의 현주소를 파악하였고, 2006년 10월 결혼이민자가족을 대상으로 한 사업을 전담할 '결혼이민자가족지원센터'를 여성정책과 내에 설치했다가 2007년부터는 이 센터 사업을 지역시민단체(제주외국인근로자센터 등)에 위탁해 운영해오고 있음을 확인할 수 있었다. 현재 '결혼이민자가족지원센터'에서는 한국어교육, 문화이해교육, 가족상담, 캠페인, 다문화교류사업을 기획해 운영하고 있고, '결혼이민자가족의 생활실태와 욕구전수조사'를 제주발전연구원 여성정책연구센터에 2천 만 원 예산으로 위탁해 실시하였으며, 현재 조사결과의 DB화 작업을 하고 있다. 이 전수조사의 조사자는 행정시 읍·면·동 담당 공무원이며 실태조사표에 의거해 방문조사를 하였으며, 주요조사내용은 결혼이민자현황(출신국가, 입국기간, 한국어 수준 등 기본사항), 가족구성원 및 복지지원실태(배우자의 직업, 복지지원실태, 가족형태 및 가족수, 연령별 자녀수, 활용프로그램), 참가희망 프로그램 및 애로사항 등이었다. 서귀포시 차원에서는 주민자치센터를 통해 결혼이민자들을 위한 컴퓨터교육과 한글교육을 실시해오고 있음을 확인할 수 있었다.

다음으로, 결혼이민자들을 위한 프로그램이나 사업을 운영했거나 운영하고 있는 공공기관이나 민간단체에 대한 조사를 실시하였다. 대표적으로 제주특별자치도청의 다문화국제이해교육자료개발사업, 서귀포종합사회복지관의 결혼이민자 서귀포시민 거듭나기 지원사업, 서부종합사회복지관의 다문화가족 지원사업, 국제사회가정문화원의 교육프로그램, 농협중앙회 제주도지부의 사업, 서귀포 외국인근로자센터 및 제주여성인권연대의 활동을 조사하였다.

마지막으로 눈덩이표집방법에 의해 선정된 조사대상 여성결혼이민자들의 삶이야기자료의 수집이다. 이들의 구술자료 수집은 구술자들과 사전에 약속을 정해 이들이 참여하는 제주결혼이민자가족지원센터 프로그램이 있는 시간대에 이루어졌는데, 인터뷰는 제주외국인근로사센터나 부근 레스토링 혹은 여성결혼이민자들이 살고 있는 곳 부근의 커피숍이나 레스토랑에서 이루어졌다.

구술자들과의 인터뷰를 위해서 미리 반구조화된 심층면접 틀을 작성해 가져갔으며, 인터뷰가 끝나면 면담일지를 작성하여 구술자 선정방법, 면접일시와 면접상황 및 애로사항 등을 기록해두었다. 또한 구술자의 나이와 거주지, 출신국가와 출신지 및 가족사항, 입국일, 국제결혼경로, 남편의 나이와 학력 및 직업, 현재의 가족구성과 자녀유무 및 국적취득여부 등 기본사항과 구술내용 중 특이사항을 기록해두었다. 특히 구술자들이 한국어의사표현과 이해능력이 부족해 인터뷰할 때 어려움을 겪었다. 중국 한족 출신 구술자와 몽골 출신 구술자의 경우 현지 언어구사자의 도움을 받아 이루어졌다. 중국 한족 출신 구술자와의 면접은 김진아씨의 도움을 받았고, 몽골 출신 구술자와의 인터뷰 시에는 몽골 출신으로 유학 와있는 제주대학교 대학원생(냠수릉)이 통역해주었다. 조사대상 구술자 몇몇을 제외하고 대부분이 최근에 국제결혼으로 제주에 들어와 살고 있는 관계로 한국어표현이 서툴러 조사자 주도의 인터뷰를 해야 하는 경우도 있었다. 이것은 국제결혼을 선택한 중국(조선족 포함)과 일본 등을 제외한 아시아권 여성들의 대부분이 최근 들어 우리사회로 이주해온 여성들인데다가 나라별 분포를 고려하여 조사대상 구술자를 선정한 점, 그리고 조사대상 구술자 선정방법인 눈덩이표집방법 자체에서 오는 한계이기도 함을 밝혀둔다. 또한 가명을 요구했던 구술자들은 자신의 구술내용이 공개될까봐 녹음하는 것 자체를 두려워해 인터뷰하기까지 어려움을 겪었다. 이 경우 조사대상 구술자와 친밀한 관계에 있는 프로그램 운영 관련 단체 관계자의 도움을 받아야 했다.

구술자료 수집 시 사용한 심층면접 틀은 출신국가에서의 생활, 제주에서의 생활, 문화적 차이—언어, 가족·지역문화, 음식문화, 남녀역할, 기타 생활문화—와 갈등경험, 바람과 꿈 등을 알아보는 내용으로 구성하였다. 먼저, 출신국가에서의 생활은 조사대상 구술자의 출생에서부터 가족구성과 교육 등의 가정형편과 국제결혼 선택 동기와 경로에 대한 것이다. 특히, 결혼동기와 경로, 국제결혼 선택 이전 한국 혹은 한국문화에 대한 관심과 정보수준, 한국생활에 적응하기 위한 준비 여부 등에 주목하였다. 다음으로 제주에서의 생활은 제주에서 생활하면서 직면한 문제들과 그에 대한 구술자의 구체적인 경험에 주목하였는데, 특히 구술자들이 제주에서 생활하면서 경험한 문화차이와 그로 인한 갈등경험, 그에 대한 적응방식 등에 초점을 맞추었다. 마지막으로는 한국사회, 특히 제주지역사회에서 살아가야 할 여성결혼이민자들의 바람과 꿈을 알아보았다.

녹음된 조사대상 구술자들의 구술은 연구팀에서 직접 풀어 녹취문을 작성하였고 2007년 10월에 구술채록 작업을 마쳤다. 조사대상 구술자 선정에서 출신국가 요인을 고려하다보니 중국(조선족)과 2000년 이전에 한국에 온 필리핀 출신 여성결혼이민자를 제외하고 거의 모든 구술자가 이주해온 지 얼마 되지 않아 한국어표현과 이해능력이 부족해 통역자의 도움을 받아야 했고 장시간의 인터뷰에도 불구하고 구술자료로서 가치가 적어 수록하기에 부족한 것도 있었다. 본 연구팀에서는 이러한 점도 현 단계 제주사회의 여성결혼이민자의 존재상황을 보여주는 단면이라고 보고, 모든 구술자의 구술 녹취문에 소타이틀만 달았을 뿐 원형 그대로 수록하였다.

3. 구술자들의 특성

본 연구팀에서 인터뷰한 여성결혼이민자는 총 15명이다. 앞에서 살펴본 바와 같이, 눈덩이 표집방법에 의해 구술자를 선정하였고, 중국 한족 5명, 중국 조선족 2명, 필리핀 4명, 베트남 2명, 몽골 2명이 조사대상자로 선정되었다. 구술자들의 사회경제적 배경과 이주경로를 살펴보면 〈표 1-2〉와 같다.

〈표 1-2〉 구술자의 사회경제적 배경과 이주경로

이름	거주지	출신국가/지역	결혼연도	연령	교육정도	배우자연령	초혼/재혼	배우자직업	이주경로 및 기타사항
정해기	제주시	중국 상해	2006.11	26	대졸	32	초혼	중장비기사	인터넷채팅으로 연애결혼. 중국에서 간호사로 근무. 한국에 오기 전 3개월간 한국어공부.
천퀀싱	제주시	중국 산둥	2007.6(입국) 결혼식은 2008.3(예정)	28	대졸	35	초혼	중장비기사	택배기사친구소개. 중국에서 신문사 근무. 결혼할 때 친정에서 반대.
왕후이	제주시	중국 계림	2007.11	28	중졸	37	초혼	공무원(장애인)	친구소개. 중국에서 사무원으로 근무. 시할머니, 시부모와 거주.
서동민	제주시	중국 흑룡강성 하얼빈	2007.7(입국) 2007.11(결혼)	27	중졸	40	초혼	아파트관리사무소직원	결혼중개업체(중국현지업체-한국업체 연계) 소개. 각자 중개업체에 비용 지불. 중국에서 공장 근무.
휘핑	제주시	중국 흑룡강성 하얼빈	2006.12	28	중졸	40	초혼	자동차수리	중국현지결혼중개업체의 아는 사람을 통해 결혼. 중국에서 미용실 근무. 피부관리실에서 파트타임으로 일함.
이희옥	제주시	중국 연변	2004	41	중졸	43	재혼	농사	아는 사람 소개. 중국에 아들 있음. 시부모 간병과 농사일로 생활고 겪고 있음.
조옥란	제주시	중국 갈림성	2003.6	32	대졸	39	초혼	자동차정비사	친구 어머니의 소개. 국적취득. 현재 시민단체 근무.
마리사	서귀포시	필리핀 리띠	1997	35	고등학교중퇴	42	초혼	환경미화원	통일교를 통해 결혼. 종교는 가톨릭. 2004년 국적취득. 현재 건물청소 일함.

이름	거주지	출신국가/지역	결혼연도	연령	교육정도	배우자연령	초혼/재혼	배우자직업	이주경로 및 기타사항
멀린	서귀포시	필리핀 민다나오 일리건	2007.4	25	고졸	37	초혼	동사무소 근무	결혼정보업체를 통해 결혼. 필리핀에서 간호보조원으로 근무.
네오날린	서귀포시	필리핀 바기오	2005.3	26	대학중퇴	47	초혼	개인택시	결혼정보업체 통해 결혼. 남편은 재혼(전처 자녀—아들—와 거주). 어린이집에서 영어교사 역임. 대학 영문학과 입학예정.
리아	제주시	필리핀 네그로스섬	1999.9	27	고졸	37	초혼	고물처리상	1998년 12월에 만나 펜팔을 해 결혼. 남편은 재혼, 가정폭력 때문에 현재 쉼터 거주.
풍	제주시	베트남 빈롱	2005.12	31	초교졸	44	초혼	유흥업소 가수	한국남성과 결혼한 친구소개. 남편은 재혼. 전처 자녀(남매)와 결혼해 출산한 딸이 있음.
마이	제주시	베트남 하노이	2005	22	고졸	37	초혼	컴퓨터 수리/판매	한국남성과 결혼한 언니 소개.
지쩨	제주시	몽골 흡스굴	2007	32	대졸	41	초혼	건설회사 근무	몽골호텔 근무 때 남편 만나 연애결혼. 현재 임신 9개월. (2007.9.현재)
김미수	서귀포시	몽골 아랑가	2006.3	29	대학중퇴	44	초혼	마사회 근무	2000년 9월 마상공연자시험에 합격해 입국한 뒤 남편과 연애결혼.

조사대상 구술자 15명 중 4명이 결혼중개업체를 통해 결혼하였으며, 1명이 통일교를 통해, 6명이 친구나 아는 사람의 소개를 통해, 그리고 나머지 4명이 인터넷채팅이나 직장업무를 통해 연애결

혼 하였다. 2명을 제외한 조사대상 구술자 모두가 2000년대 들어와 결혼한 경우이다. 재혼인 1명을 제외하고 모두 20대로, 현재의 남편과 초혼인 것으로 나타났다. 남편과의 나이 차이는 거의 모든 구술자들이 10살 이상의 차이가 있었다. 실제로 제주도가 2007년 실시한 결혼이민자가족 생활실태 및 욕구 전수조사결과에서도 결혼이민자들과 배우자와의 평균 나이 차이는 9.5세였다.

구술자들 중 다수가 결혼하기 전에 출신국가에서 일을 한 경험이 있었다. 간호사 혹은 간호보조원, 신문사, 공장노동자, 식당업무, 호텔 근무 등 이들이 출신국가에서 한 일은 다양했다. 이들 가운데 현재 일을 하고 있는 사람은 4명으로 1명(중국 조선족)은 시민단체 간사, 1명(중국 한족)은 피부관리실에서 파트타임으로 일하고 있으며, 다른 1명(필리핀 출신)은 건물청소, 나머지 1명(필리핀 출신)은 어린이집에서 영어강사로 일하는 등 대부분 임시직에 종사하고 있다. 제주도의 결혼이민자가족 생활실태 및 욕구 전수조사 결과를 보면, 결혼이민자의 56.8%가 취업을 희망하는 것으로 나타났지만 이들 중 46%가 육아 및 가사에 대한 부담 때문에 취업할 형편이 안 된다는 의견을 내놓았다. 또한 제주도의 조사결과에서 결혼이민자들이 가장 취업하고 싶은 분야는 관광통역 및 번역분야였다. 이는 한국어에 익숙하지 않은 이들의 현실을 그대로 반영하고 있다.

이 연구의 조사대상 구술자들의 학력은 대졸 4명, 대학중퇴 2명, 고졸 3명, 고등학교 중퇴 1명, 중졸 4명, 초교 졸 1명이었다. 조사대상 구술자들 중에, 대졸 학력에 신문사에서 근무한 경험이 있는 중국(한족) 출신 결혼이민자를 제외하고는 거의 모든 구술자들은 한국인 남성과의 국제결혼 결정 시 가족의 반대는 없었다.

먼저 정해기(26)씨는 중국 상하이 출신으로, 인터넷 채팅으로 중장비기사인 남편(32)을 만나 2006년 11월 결혼하였다. 중국에서 간호대학을 졸업한 뒤 외국인 병원 치과에서 근무한 경험을 갖고 있다. 한국에 오기 전에 3개월 동안 한국어를 배운 적이 있어 한국어 구사는 할 수 있지만 여전히 의사소통에 어려움을 겪고 있고 음식문화의 차이로 약간 힘든 상태이다. 2007년 8월에 아들을 출산하였다.

천퀀싱(가명, 28)씨⁴⁾는 중국 산둥 출신으로 친구소개로 택배기사인 남편(35)을 만나 2007년 6월에 입국하였다. 결혼식은 하지 않고 입국해 2008년 3월 결혼식을 할 예정이다. 중국에서 신문방송 관련 대학을 졸업한 뒤 신문사에 근무하였다. 남편과 결혼을 결정할 때 가족의 반대로 어려움을 겪었으며 현재 남편과 시어머니와 함께 거주하고 있다. 시어머니와 의사소통이 되지 않아 갈등이 심해 이혼을 하겠다는 생각도 했지만 남편을 사랑하기 때문에 제주도에서 잘 살아보고 싶다는 생각을 한다.

　왕후이(가명, 28)씨⁵⁾는 중국 계림 출신으로 중국 연길시에 사는 친구소개로 공무원으로 근무하는 남편(37)을 만나 2005년 11월 결혼하였다. 중국에서 중학교를 졸업한 뒤 사무실 사무원으로 근무한 적이 있다. 남편은 어렸을 때 소아마비를 앓아 장애인이며 장애인과의 국제결혼을 결정하게 된 것은 장애인이라 자신에게 잘 해줄 것이라고 생각해서였다. 제주시 ○○동에서 시할머님과 시부모님, 시동생과 13개월 된 아기와 함께 거주하고 있다.

　서동민(27)씨는 중국 흑룡강성 하얼빈시 출신으로 중국 현지에 부모님과 언니와 남동생이 살고 있고 결혼중개업체의 알선으로 2007년 7월 20일 입국하였다. 서동민씨는 중국에서 공장노동자로 근무한 경험을 갖고 있다. 국제결혼을 알선한 결혼중개업체는 중국 결혼중개업체와 한국 결혼중개업체가 연계된 업체였는데, 서동민씨는 중국의 결혼중개업체에 일정비용을 지불하였다.⁶⁾ 현재 서동민씨는 아파트관리사무소에 근무하는 남편(40)과 살고 있고, 생활문화의 차이로 약간의 어려움을 겪고 있다.

---

4) 한국어가 매우 서툴러 통역자의 도움을 받아 인터뷰 함.
5) 한국어가 매우 서툴러 통역자의 도움을 받아 인터뷰 함.
6) 중국의 결혼중개업체에 얼마를 지불했는지에 대해서는 말을 하지 않았다. 제주외국인근로자센터 관계자와의 인터뷰내용에 의하면, 여성결혼이민자가 본국의 결혼중개업체를 통해 알선을 받은 경우 본국의 결혼중개업체에 일정한 비용을 지불하는데, 보통 50만원에서 200만원에 이른다. 물론 한국의 결혼중개업체에 대해서는 한국인 남성이 비용을 지불한다. 또한 베트남의 농촌에서는 결혼중개 브로커들이 여성 측에 비용 지불을 요청할 경우 여성 측에서는 비용을 지불할 필요가 없음에도 불구하고 지불하는 경우도 있다. 남편이 결혼중개업체를 통해 배우자를 만나러 현지에 갈 경우 남편 측에서 현지 체재비를 모두 지불하는 경우도 많다(제주외국인근로자센터 관계자와의 인터뷰내용).

휘핑(28)씨는 중국 흑룡강성 하얼빈시 출신으로 중국에는 부모님과 언니, 남동생이 살고 있다. 휘핑씨는 중학교를 졸업한 뒤 미용실에서 근무한 적이 있고, 중국 현지 결혼중개업체에 근무하는 아는 사람을 통해 자동차수리업에 종사하는 남편과 2006년 12월 결혼하였다. 시부모와 약간의 갈등이 있지만 함께 거주하지 않기 때문에 아직 큰 갈등은 없으며, 향후 남편과 함께 중국에 가서 살고 싶다고 한다.

이희옥(가명, 42)씨는 중국 연변 출신의 조선족으로, 농사일을 하는 남편(43)과 3년 전 아는 사람의 소개로 결혼하였다. 이희옥씨는 중국에서 28세 때 결혼해 실패한 경험이 있으며 중국에 아들 1명을 두고 있다. 이희옥씨는 중국에서 식당 종업원 등 임시직에 종사한 적이 있다. 현재 간암투병 중인 시아버지, 관절염을 앓고 있는 시어머니와 함께 거주하고 있는데, 시아버지 병간호, 많은 농사일, 남편의 무심함 때문에 힘들어하고 있다. 극심한 스트레스로 심신이 힘든 상태이다.

조옥란(32)씨는 중국 길림성 출신의 조선족으로, 친구 어머니 소개로 자동차 정비사로 일하는 남편(39)을 만나 2003년 6월 결혼하였다. 조옥란씨는 중국에서 사범학교를 나와 학원강사를 한 경험이 있으며 현재 한 시민단체의 간사로 근무하고 있다. 중국에 있는 남동생(27, 식당종업원)을 초청해 남편과 4살배기 딸과 함께 살고 있다. 친정부모는 제주도에 살고 있으며 친정부모님의 국적은 중국이지만 할아버지의 국적이 한국이어서 현재 귀화 여부로 고민하고 있다. 한국에 들어와서 시댁식구들과 마찰이 있었지만 잘 극복해 현재는 큰 갈등이 없으며, 현재 생활에 만족하고 있다.

풍(31)씨는 베트남 빈롱 출신으로 결혼해서 2007년 8월 현재 한국에 온 지 1년 8개월 된 베트남 여성이다. 풍씨는 한국에 오기 전에 베트남에서 초등학교를 졸업한 뒤 의류판매업에 종사했으며 한국인 남성과 결혼한 친구를 통해 유흥업소의 가수로 일하는 남편(44)과 만나 결혼했다. 남편은 재혼이며 전처소생의 자녀(남매)를 두고 있다. 10개월 된 딸이 있으며 현재 남편과 세 자녀와 함께 거주하고 있다. 남편과 전처소생의 자녀들, 그리고 시댁식구들과의 관계는 좋으며 의사소통 문제를 제외하고는 현재 생활에 만족하고 있다.

마이(22)씨는 베트남 하노이 출신으로 고등학교 졸업 직후인 2년 반 전 한국인 남성과 결혼한 언니 소개로 컴퓨터 수리/판매업을 하고 있는 남편(37)과 결혼해 14개월 된 딸을 갖고 있다. 아직 국적은 취득하지 못했지만 남편과 시댁식구들과의 관계가 좋다. 시부모는 서울에 거주하고 있고 현재는 남편과 딸하고만 살고 있다. 입국 초기, 언어와 음식 문제로 어려움을 겪었지만 현재는 생활에 만족하며 향후 기회가 되면 한국에서 일자리를 취득하고 싶다는 소망을 갖고 있다.

마리사(35)씨는 필리핀 리띠에서 태어나 마닐라, 세부, 민다나오에서 거주한 경험을 갖고 있다. 고등학교 중퇴 후 가게에서 장사를 하였다. 1997년 통일교를 통해 환경미화원으로 일하는 남편(42)과 결혼해 아들 둘(11세, 3세)을 두고 있다. 건물청소 일을 하고 있으며 2004년 국적을 취득하였다. 종교는 가톨릭으로 성당에 계속 다니고 있다. 입국 초기에는 언어와 음식 문제로 많이 힘들었고 1997년 당시만 해도 서귀포시에 거주하는 유일한 필리핀 여성이었기 때문에 매우 힘들었다. 현재 마리사씨는 서귀포시 필리핀 결혼이민자 모임에서 중심적 역할을 담당해오고 있다. 현재는 의사소통에 별 어려움이 없으며 남편과 사이도 좋아 제주에서의 생활에 만족하고 있다.

멀린(25)씨는 필리핀 민다나오 일리건 시 출신으로, 결혼중개업체를 통해 2007년 4월 동사무소에 근무하는 남편(37)을 만나 결혼했다. 필리핀에서는 고등학교를 졸업한 이후 보건소에서 간호보조원으로 근무한 경험이 있다. 결혼비용은 남편 측에서 지불했으며 현재 시어머니와 제주도가옥(안거래·밖거래)에서 따로 거주하고 있다.

네오날린(26)씨는 필리핀 바기오 시 출신으로, 결혼중개업체를 통해 개인택시를 하는 남편(47)과 2005년 3월 결혼했다. 남편은 결혼 당시 아들(22)이 있었고, 남편과의 첫 만남 후 3일 만에 필리핀 마닐라에서 결혼했다. 네오날린씨는 필리핀에서 대학을 중퇴하고 부모와 남동생 3명, 언니 1명과 거주했었다. 한국에는 2005년 6월 입국했는데, 서귀포시 소재 어린이집에서 영어교사를 했다. 현재 제주도 소재 대학의 영어영문학과 입학예정이며, 영어강사의 꿈을 갖고 있다.

리아(가명, 27)씨는 필리핀 네그로스 섬 출신으로 고등학교를 졸업한 직후인 1998년 2월에 고물처리업을 하는 남편(37)을 만나 8개월간 펜팔을 하다가 1999년 9월 4일 결혼해 그해 10월에 입국했다. 남편과의 사이에 자녀 2명(7세의 아들과 5세의 딸)을 두고 있다. 남편의 빈번한 폭력 행사로 리아씨는 현재 쉼터에 거주하고 있다. 남편은 길거리에서 쇠파이프로 때리는 등 일상적으로 폭력을 행사하고 있다. 리아씨는 이혼해서 자녀와 함께 살고 싶다는 바람을 갖고있다. 현재 리아씨는 국적을 취득한 상태이다.

지쩨(32)씨는 몽골 흡스굴 출신으로 몽골 울란바토르에서 대학을 다녔으며 대학에서는 회계학을 전공했고 졸업한 이후에는 호텔에 근무했었다. 지쩨씨가 호텔에 근무할 때 건설회사에서 일하는 남편(41)을 만나 연애해 2007년 2월 결혼하였다. 현재 임신 9개월째이며, 아이를 낳아 키운 뒤 한국어가 능숙해지면 취업하겠다는 꿈을 갖고 있다. 제주도내 몽골 출신 결혼이민자들과 모임을 갖고 있다.

김미수(29)씨는 몽골 아랑가 출신으로 2000년 9월 한국에 입국해 마상공연장에 일했다. 몽골에서의 가족구성은 아버지, 오빠 1명, 여동생 3명, 남동생 1명이며 마사회에 근무하는 남편(44)과는 연애로 만나 2006년 3월 결혼하였다. 현재 2세인 딸을 두고 있으며 시부모는 김미수씨 옆집에 살고 있다. 독학으로 한국어 공부를 하였으며 현재 생활에 만족하고 있다.

4. 책의 구성

이 책은 크게 세 부분으로 구성되어 있다. 제1부는 서론으로, 제주사회 여성결혼이민자들의 삶이야기를 책자에 담아내게 된 배경, 연구대상과 연구과정, 그리고 조사대상 구술자들의 특성을 담았다. 제2부는 조사대상 여성결혼이민자의 삶이야기를 정리한 구술자료 녹취문을 묶은 것이다. 구술자별로 관련 사진과 이름, 주요 사항, 그리고 그들이 구술한 삶이야기 순으로 서술하는 것을 기본으로 하였다. 그러나 실명게재를 원치 않는 구술자들의 경우는 가명을 사용하였고, 사진게재를 원치 않은 경우에 수록하지 않았다. 제1부의 2절 연구대상과 연구과정에서 밝힌 구술면접 틀에 따라 수집한 구술내용을 원형 그대로 수록하는 것을 기본으로 하였다. 중국(조선족 포함), 필리핀, 베트남, 몽골 출신 결혼이민자 순으로 실었다. 마지막으로 제3부는 결론으로 여성결혼이민자에 대한 정부와 지방자치단체의 지원서비스체계와 시민사회의 지원네트워크, 그리고 다문화사회에서 더불어 살아가기 위해 필요한 지역사회 차원의 과제를 제시하였다. 마지막으로, 이 책의 말미에 영문을 수록하여 여성결혼이민자들을 조사대상으로 한 이 연구의 특성을 반영하고 이 책의 독자 폭을 넓히고자 하였다.

제2장

여성결혼이민자의 주관적 세계와 삶
- 그들의 선택과 딜레마, 그리고 적응

중국에서 온 여성결혼이민자
필리핀에서 온 여성결혼이민자
베트남에서 온 여성결혼이민자
몽골에서 온 여성결혼이민자

중국에서 온
여성결혼이민자

정해기
천퀸싱
왕후이
서동민
훠핑
이희옥
조옥란

정해기

· 중국 상해(Shanghai) 출생
· 26세
· 중국에서 간호대학 졸업, 졸업 후 외국인 병원 치과에서 근무
· 인터넷채팅을 통해 남편을 만남
· 2006년 11월 결혼해 제주시에 거주
· 중장비기사인 남편(32세)과 2007년 8월 출생한 아들과 거주
· 의사소통과 음식 적응에서 약간 힘듦

가정형편과 일

중국에 할머니와 친정부모님이 있어요. 무남독녀구요. 중국 상해에서 대학교까지 나왔어요. 간호대학이었지요. 한국에 오기 전에 치과에서 치위생사로 근무했어요. 중국생활에서 가장 기억에 남는 일은 2002년에 중화병원에 들어간 것이었고, 그 다음에 다른 병원으로 옮겼을 때가 기억에 남아요. 그 병원이 외국인 전문 병원이었어요.

만남과 국제결혼 선택

남편과는 MSN 채팅으로 만났어요. MSN에 결혼 주선 사이트가 있어요. 남자, 여자가 만나는 사이트요. 남편이 상해로 (나를) 만나러 방문하곤 했어요. 2005년 5월부터 1년 정도 뒤에 결혼했어요. 남편은 중국말은 할 줄 몰랐고, 영어로 말했어요. 남편, 처음 만났을 때는 영어사전 찾아가면서 영어로 얘기했는데, 결혼 후에는 (그렇게) 안 해요. 지금은 내가 한국말 많이 배워서 해요. 한국말로 대화해요. 이제는 내가 사전을 찾아요. 결혼 전에는 남편이 (사전을) 찾았어요.(하하…)

2005년 10월에…. 결혼하기 한 달 전에 한국에 왔어요. 2005년 10월 이전에는 남편만 상해로 나를 보러 왔어요. 그 외에는 MSN 사이트를 통해서 얘기하고….

한국 사람하고 결혼한다고 하니깐 엄마, 아빠가 걱정한 거는 너무 멀리 가는 것 때문에…. '가지 마', 가지 말라고 했어요. 만약에 문제가 생기면 너무 멀리 있어서 엄마, 아빠가 찾아가서 문제를 해결 할 수가 없으니깐. 그리고 부모님들은 한국문화와 생활을 전혀 모르기 때문에…. 그리고 그런 것보다 우선 멀리 가는 것 때문에 가지 말라고 하셨어요. 그냥 한국이 싫다, 나쁘다가 아니라 자식이 걱정되셔서 그러셨죠.

한국인 남성과의 결혼을 선택하는 중국인 여성들

요즘 중국에서 한국 남자와 결혼을 해서 한국으로 오려고 하는 중국 여자들은 제가 살던 상해 같은 큰 도시에는 그런 게 별로 없지만 촌 같은 다른 지방에서는 그런 경우들이 있는 것 같아요. 여기서 (제주외국인근로자센터) 같이 공부하는 친구들 중에는 그런 회사 (결혼중개업체) 통해서 온 친구들도 있어요. 그 친구들이 600만 원을 중국에 있는 회사에 주면 한국남자를 소개시켜 준대요. 중국에 있는 결혼회사를 통해서요. 중국에 있는 결혼회사에서는 중국 사람한테 돈을 받고 또 한국 남자들한테도 돈을 받거든요.

중국보다 여기(한국)가 생활 조건이 좋으니깐 (친구들은) (한국에서) 다들 즐겁게 지내는 것 같아요. 이런 경우가 있지만 상대적으로 연애해서 오신 분들이 더 힘들어 하는 것도 같아요. 그리고 이렇게 국제결혼을 하면 문제가 있을 때 이혼해서 바로 갈 수가 없으니깐 그런 문제도 있는 것 같아요.

결혼생활과 시댁식구, 그리고 출산

결혼식은 중국 상해에서 했어요. 제주도에서는 안 했어요. 상해에서 제주도에 왔을 때는 임신 한 달째였어요. 결혼하고 상해에서 좀 지내다 왔어요. 우리 남편이 상해에 와서 8월부터 11월까지 같이 있다가 같이 한국에 왔어요. 한국에 온 뒤 제가 임신 2개월 때 먹는 걸 잘 못 먹고 힘들어 해서 두 달 중국에 다녀왔어요.

2007년 8월 7일에 애기를 낳았어요. 애기는 남자예요. 친정부모님이 집에 오셨어요. 지금 집에는 남편이랑 애기, 친정부모님도 함께 있어요. 친정부모님은 잠깐 다니러 온 것이지요. 제가 애기를 낳아서 3개월 동안 초청해서 오신 거예요. 친정부모님은 거기(중국)에서 일 하시는 게 있어서 나중에 다시 가실 거예요. 저희 시아버지는 제주시 ○○에 살아요. 시어머니는 돌아가셨어요. 남편은 독자예요. 우리 시어머니가 남편 낳고 일찍 돌아가셨어요. 그래서 시아버지는 결혼 다시 안 했어요. 시아버지는 혼자 사세요. 저한테 잘해주세요. (저는) 아직 한국국적은 없어요.

준비 없는 결혼이주, 언어문제와 문화차이, 그리고 갈등

2006년 11월에 결혼했어요. 한국말은 잘 못해요. 한국에 오려고 한국어를 3개월 공부했어요. 결혼 전에 한국에 대해서 많이 알지 못했어요. 어디 있는지는 알지만 어떤 나라인지는 잘 몰랐어요. 제가 다니던 치과 환자 중에 한국 사람들이 많이 있어요. 다 서울에서 왔어요. 그래서 그때는 '한국 여자들 스타일이 좋네.' … 그렇게 생각 했어요. 말하는 것도 부드럽게 보이고 온화하게 보이고. 한국 여자들 좋아요. 서울만 아니고 여기 제주도도 똑같아요.

시아버지의 친구 분이 시아버지 보고 '왜 중국 며느리 데리고 왔냐?, 베트남에서 데리고 오지 왜 (중국에서) 그랬냐?'고 했어요. 아무래도 한국말을 못하니깐 그게 가장 힘들어요. 만약에 애기가 아파서 병원에 갔는데 말이 잘 통하지 않으니깐 … 그게 많이 힘들어요.

언어적인 문제는 지금 어느 정도는 한국말 하지만 그래도 아직은 안 돼요. (한국) 음식은 지금 안 먹어요. 냄새가 좀 독해요. 아직도 중국음식 먹어요. 우리 남편도 중국 요리 좋아해요.

중국 같은 경우는 남자들도 집안일은 많이 도와주고 남자, 여자와의 관계가 평등한 관계잖아요. 한국은 그렇지 않은 것 같아요. … 남편이 집에서 '남자는 하늘, 여자는 땅', 이렇게 말해요. 그래서 남편이 생각을 좀 바꿨으면 좋겠어요. 처음에 그게 적응이 안 됐어요.

그래서 처음에는 많이 싸웠어요. 지금은 이해하려고 많이 노력해요. 그 사람도 노력해서 좀 바뀌었고, 저도 노력해서 좀 괜찮아요.

아직 국적이 없는 것 때문에 힘든 건 없어요. 그런데 한국말 잘 못해서…. 언어적인 게 많이 힘들어요. 마트나 시장에 가요. 할머니들 사투리 무슨 말인지 모르겠어요. 여긴 할머니, 아주머니…. 무시하는 것 같아요. 외국인이라서…. '야! 어디에서 왔어?' 이래요. 내가 나이가 어려보이니깐 그러시는 것 같아요.

제주생활에 적응하기

한국에 온 뒤 두 달 있다가 제주외국인근로자센터에 나왔어요. 2007년부터…. 여기서 한국어 수업도 받고 요리도 배우고…. 여기서 하는 게 많아요. 그리고 운전도 배우고 싶어요. 센터까지 버스 타고 와요. 한국어교육, 요리교육 말고 한국에 대하여 다른 것도 배우고 많이 배우고 싶은데, 어디서 배워야 하는지를 잘 모르겠어요. 그리고 화장하는 법들, 사소한 것들도 배우고 싶은데 어디서 배워야 하는지 모르겠어요.

제주도 너무 아름다워요. 바다도 좋아요. 우리 집에서 바다가 보여요. 바다 다 봤어요. 공기도 좋아요. 물도 좋아요. 관광 가도 너무 좋아요. 관광도 많이 했어요.

제주도 사람들, 중고등학생들은 학교도 다니고 자기 할 일을 하는 것 같은데, 다른 사람들은 특별히 하는 일 없이 한가해 보여요.(하하…)

(이곳에서) 중국 사람들은 자주 만나지는 못해요. 친한 사람들끼리 주기적은 아니지만 마음 맞을 때 만나기도 해요.

한국(제주)에서 살면서 가장 많은 도움을 주시는 분은 같은 동네에 사는 필리핀 분이에요. 내가 제주도에 살면서 여기에 잘 적응할 수 있도록 도와주고, 얘기도 잘 들어주고 해요. 그 필리핀 분은 한국에 온 지 7년 됐어요. 한국어는 잘 못해요. (그 필리핀 분은) 맨날 집에만 있어요. 지금도 영어로만 말해요. 한국말은 잘 못해요.

바람과 꿈

(하루일과는) 집안일 하고, 애기 보고, 센터에 가는 거 말고는 그냥 밖에 가서 물건도 사고, 사람도 만나고 그래요. 남편이 일 하는 걸 싫어해요. 한국어 다 배우고 나서 일하러 가라고 해요. 나중에 일을 하더라도 어려운 일 말고…, 앞으로 관광 쪽에서 일하고 싶어요. 관광 가이드나 관광 안내소 이런 데요.

제주외국인근로자센터에서 지금은 우선 한국말 배우는 게 우선이고요. 한국말 다 배우면 공부를 하고 싶어요. 관광 쪽으로 더 공부를 하고 싶어요. 그러면 나중에 대학이나 대학원을 들어가야 할 것 같아요.

앞으로 제주도에서 다른 것보다 (여성결혼이민자들의) 심리적인 부담 같은 걸 덜어줄 수 있는 그런 프로그램이 있었으면 좋겠어요. 지금은 단지 친구들을 만나서 해소하기는 하지만 그 외에 다른 것도 있었으면 좋겠어요. 좀 답답할 때가 있어요. 성격도 변하고…. 감정변화가 좀 심해지고 그래요. 마음이 답답하고 이럴 때 남편이랑 얘기를 하려고 해도 대화가 잘 안통하고 그럴 때가 있어요. 잘 이해를 못 해 줄 때가 있고, 그리고 부모님한테 말씀 드리기 좀 그럴 때가 있으니깐. 그래서 국가에서 그런 심리적인 상담소나 상담사가 좀 있었으면 좋겠어요.

천퀀싱

· 가명
· 중국 산둥(Sandong) 출생
· 28세
· 중국에서 신문방송 관련 대학 졸업, 졸업 후 신문사에서 근무
· 친구소개로 남편 만남, 친정식구들은 남편과의 결혼을 반대함
· 2007년 6월 입국, 제주시에 거주
· 2008년 3월 결혼 예정
· 택배기사인 남편(35세)과 시어머니와 함께 거주
· 현재 시댁식구와 의사소통이 힘들어 어려움을 겪고 있음

출생과 가족, 그리고 일

나이는 28세. 중국 산둥지방에서 왔어요. 계속해서 산둥지방에 살았어요. 종교는 없어요. 중국에서 가족은 어머니, 아버지, 여동생…. 학교는 ○○대학교 나왔어요. 전공은 신문방송학이에요. 올해 6월에 한국에 왔어요. 중국에서는 신문사에 다녔어요. 기획 쪽 일을 했어요.

남편 만나 국제결혼을 선택하기까지

한국인 남성과 결혼한 친구소개로 남편을 작년 9월에 만났어요. 남편은 35세예요. 택배회사에 다녀요. 친구소개로 만나 연애를 했고 결혼해서 한국에 오는 게 전혀 망설여지지는 않았어요. (친정)집에서는 많이 … 완전 반대 했어요. 그래도 내가 오겠다고 하니까 부모님도 허락해주셨어요. 부모님이 평소에 의견을 많이 존중해 주세요. 부모님이 한국 사람은 이렇더라, 술 많이 마신다, 이렇게 말씀을 다 하셨지만…. 그래도 '니가 이런 얘기를 듣고도 결정을 한다면 존중해 주겠다' 고 하셨어요. '나중에 결과는 니가 책임을 지는 것이기 때문에 우리는 책임이 없다.' 그러셨어요. 결혼하기 전에 한국에 대하여 거의 몰랐어요. TV 같은 데서 한국에 대하여 보기는 봤지만 잘 몰라요.

결혼식은 안 했어요. 그냥 왔어요. 내년 3월에 할 거예요. 그런데 아직도 잘 못 믿겠어요.

결혼생활: 남편의 무관심, 시어머니와의 갈등과 문화차이

남편을 만나고 결혼하기까지 특별히 (한국어나 한국에 관해) 공부 한 건 없어요. 여기 와서 알았는데, 많이 힘들어요.

어제 저녁에 남편이랑 얘기를 했어요. '집에 먹을 간식도 없고, 과일도 없고 그러는데 왜 나한테 아무것도 안 해주냐?' 고 그랬어요. 그때는 그냥 그걸 받아들였어요. 그런데 그게 속상했는지 술을 먹고 왔어요. 그때는 옷 사주겠다고 그랬어요. 하지만 아무것도 없어요. 나한테 관심이 없는 것 같아요.

지금 남편이랑 대화는 영어하고 한국어하고 해요. 영어를 많이 잘 하지는 않지만 영어로 얘기하면 남편이 거의 알아들어요. 부모님한테 얘기를 했어요. 그래서 아버지가 남편한테 (옷) 사주라고 그렇게 했어요. 그런데 남편은 사주지도 않아요.

지금 경제권이 전혀 없어요. 남편이 일주일에 만 원만 줘요. 점심은 거의 안 먹고…. 일주일에 만 원으로 살아요. 차비는 교통카드로 해요. 돈은 안 주고…. 그런데 남편이 돈이 별로 없어요. 제가 옥수수죽을 좋아해요. 중국에서 그걸 많이 먹었어요. 그래서 그걸 사러 갔는데 시어머니가 너무 비싸다고 사지 말라고 했어요.

한국 남자들은 보기에는 겉으로 표현하지 않고 대개 관용적으로 보여요. 그래서 잘…, 이렇게 무심한 걸 몰랐어요. 결혼하기 전에는 뭐 먹고 싶다고 하면 다 사주고 했어요. 그런데 결혼을 하니깐 완전 달라졌어요. 시어머니도 처음에는 대개 좋아했어요. 시어머니가 결혼하기 전에는 '너는 내 딸이다, 진짜 잘 해주겠다.' 해서 왔는데…. 지금은 그런 게 전혀 없어요.

전에 한번은 남편이 술을 마셔서 때렸어요. 그런데 시어머니가 말리지 않으세요. 센터의 ○○가 남편한테 '왜 (부인을) 때렸냐?'고 하니깐 제가 성질 부려서 때렸다고 했어요. 한번 그랬어요. 그래서 때리면 어떻게 한다는 각서를 썼어요. 며칠 전에도 싸웠어요. 너 이럴 거면 중국 가라고 하니깐 친구 ○○네 집으로 갔어요. 짐 다 싸구요. … 제가 밤늦게 가도 전화도 안 하고, 찾지를 않아요.

지금 제주도 집에는 시어머니와 남편과 같이 살아요. 시아버지는 없어요. 남편의 남동생이 서울에 있어요. 거기에서 일해요. 한 번도

본 적 없어요. 추석 때 온대요.

시어머니랑 거의 이야기를 안 해요. 하더라도 '빨래 널어라', '설거지해라', 간단한 정도만…. 제가 말을 정확히 할 줄 모르니깐 시어머님이 아예 말을 잘 안 하세요. 지금 위에 입은 이 옷도 친구가 줬어요. 제가 더울 때 왔는데, 지금 날씨가 갑자기 추워졌잖아요? 그런데 옷을 안 사 주세요. 그래서 이 옷도 친구가 준 거예요. 바지랑 티(옷)도 친구(○○)가 줘요.

시어머니 나이는 59세요. 한국 시어머니들은 한국며느리랑 외국며느리랑 다르게 생각하나요? 집에 우유가 있었는데 시어머니가 남편한테는 제일 큰 컵에 우유를 따라줬어요. 그런데 저한테는 작은 컵에 따라 주더라구요. 우리 집에 개가 있어요. 시어머니가 개 간식이나 사료는 잘 사다주는데, 저한테는 뭐가 먹고 싶냐고 물어보지도 않고 간식을 사다 주시지도 않아요. 우리 집에서는 시어머니가 첫 번째, 남편이 두 번째, 강아지가 세 번째, ○○(내)가 네 번째예요. 왜냐면 강아지가 저보다 더 집에 오래 있었어요. 전 이제 와서 별로 중요하지 않게 생각하나 봐요.

남편은 잘 해주려고 하는데, 시어머니가 뭐라고 해요. 그럼 남편은 속상해서 술 마시고 와요. 그래서 그때도 싸운 거예요. 남편이랑 그러고 나서 얘기를 하고 같이 마트에 갔어요. 가서 옷도 사주고, 먹을 것도 사주고, 화장품도 사주고 했어요. 그런데 남편이 '이거 어머니(시어머니)한테 말하지 말라'고 했어요. 그리고 한번은 남편이 김밥을 해 준다고 남편이랑 시장에 가서 김밥재료랑 물 네 병을 사가지고 왔는데, 시어머니가 막 화를 내고 했어요.

중국하고 한국하고 생활이 많이 달라 스트레스가 많고 좀 답답해요. 우울하구요. 한국음식은 전혀 먹지를 못하겠어요. 잘 안 맞아요. 더울 때 한국에 왔어요. 그런데 한국 국이든 반찬이든 다 매워서 먹지를 못했어요. 그런데 시어머니는 밖에서 먹고 온 걸로 의심을 해요. 집에서 밥을 잘 안 먹으니깐 오해를 하세요. 알아서 그냥 사먹는 줄 알고.

무엇보다도 남편과 시댁식구의 관심이 필요하다

우리 같은 결혼이민자들한테는 가족들 간에 서로 대화를 할 수 있는 공간이나 기회가 중요한 것 같아요.
시어머니나 남편이 정말 진심으로 관심을 가져줬음 좋겠어요. 그게 가장 중요한 것 같아요. 밥을 안 먹으면 '너 어디 아프냐?', '다른 중국 음식이 먹고 싶니?' 이렇게 물어봐야 하는데, '너 밖에서 뭐 먹고 왔구나, 너 배부르구나.' 이렇게 생각을 하세요. 그래서 ○○(친구)네 집에 자주 가서 밥 먹고 그래요.
저한테는 국가적인 어떤 지원보다 우선 가족들의 존중과 관심이 필요해요. 만약에 내가 설거지를 하고 있을 때 시어머니가 부르세요. '어서, 빨리 오라고.' 그런데 설거지를 하다보면 시간이 좀 걸리잖아요. 그런데 '바로 오라', '빨리 해서 오라.'고 해요. 존중을 안 하는 것 같아요.

제주생활에 적응하기

나는 남편을 사랑해서 왔어요. 거기선 돈을 많이 벌었더라도, 여기서 얼마 벌지 못하더라도, 먹을 만큼만 벌고 그러면 되잖아요. 진짜 (남편을) 사랑하니깐 이혼하는 건 싫어요. 이혼은 절대 하고 싶진 않아요. 단지 시어머니하고 좀 떨어져서 살고 싶어요. 사랑하니깐 한국에 왔죠. 거기서 생활이 좋았는데 사랑하지 않았다면 내가 여기 왜 왔겠어요.

저 매일 아침에 다섯 시 반에 일어나요. 시어머니가 그때 일어나셔서 저도 그때 일어나요. 시어머니는 일 하세요. 한국 사람들은 아침에 일어나서 밀가루 음식을 먹지 않잖아요. 그런데 중국 사람들은 아침에 밀가루 음식을 잘 먹어요. 그런데 제가 아침에 중국식으로 밀가루 음식을 차려서 드렸는데 시어머니가 한국 사람들은 아침에 밀가루 음식 잘 먹지 않는다면서 대개 화를 내셨어요.

나는 밖에서는 대개 외향적인데, 집에 가면 내성적으로 변해요. 밖에 나가서 다른 사람들하고 노닥거릴까봐 시어머니가 오해도 하시고 해요. 그동안 일주일에 한번씩 MSN으로 중국의 부모님들하고 대화를 했는데, 남편이 이제는 한 달에 두 번만 하라고 했어요. 너무 많이 한다고.

바람과 꿈

(중국에서) 대학도 나오고, 신문사도 다니고 했는데…. 여기 내 자리는 하나도 없는 것 같아요. 그런데 독립(자립)을 해서 내가 경제적인 활동을 해보고는 싶어요.

왕후이

- 가명
- 중국 계림(Guilin) 출생
- 28세
- 중국에서 중학교 졸업, 졸업 후 사무원으로 근무
- 친구소개로 남편을 만남, 남편이 장애인이라 더 잘해줄 것이라고 생각해 결혼을 결심함
- 2005년 11월 결혼해 제주시에 거주
- 공무원인 남편(37세)과 13개월 난 아기, 시할머니, 시부모, 시동생과 거주
- 큰 문제는 없지만 혼자 아기를 돌보느라 힘듦

중국생활

제 나이는 28살이예요. 중국 계림에서 왔어요. 중국 계림에서 계속 살았었어요. 중국에서 학교는 중학교까지 다녔어요. 중국에 가족들은 어머니, 아버지, 여동생 2명, 남동생 1명이 있어요. 내가 첫째예요. 중국에서는 일반 사무실에 다녔어요.

장애인 남편과의 결혼

한류가 열풍일 때 연길에 있는 조선족 친구가 한국 남자와 결혼하는 데 관심 있냐고 물어봐서 소개로 만났어요.
남편이 장애인이예요. 소아마비, 다리하고 팔이 불편해요. 처음에 결혼 할 때 장애인인 거 알았는데, 그러면 나한테 더 잘 해줄 것 같아서 결혼을 했어요. 다른 사람들은 바보 같다고도 하지만 난 운이 좋은 것 같아요. 좋은 사람 만나고 애기도 있고.

결혼생활, 시댁식구, 그리고 의사소통 문제와 문화 갈등

제주시 ○○동에 살아요. 남편은 ○○동사무소에 다녀요. 공무원이예요. 남편은 서른일곱 살. 한국에는 2005년 11월에 왔어요.

한국에 오기 전에 한국에 대해서 아무 것도 몰랐어요. 약간 듣긴 들었어요. 중국에도 한국 사람은 많아서 그 사람들하고 만나봤어요.

지금 제주도에서는 1층에는 시어머니, 시아버지가 살아요. 도련님도 있어요. 큰 할머니도 있어요. 2층에는 나하고, 남편하고 (아이) ○○이하고 살아요. 아래층에 시부모님이라 도련님이랑 다 괜찮아요. 잘해줘요. 시댁 식구들도 다 좋고, 주변 사람들도 다 좋아요. 나쁘게 생각하지 않아요.

중국에서 살던 거랑 많이 달라 너무 힘들었어요. 말하는 것도 힘들구요. 먹는 건 괜찮아요. 중국에 한국 친구들 있어요. 말하는 것이 힘들었어요. 남편하고 대화할 때 한국말로 해요. 남편은 중국말 하나도 못해요. 가족들과도 한국말로 대화해요. 손짓 발짓 하고….

제가 한국으로 결혼해서 온 거 친구들도 잘 몰라요. 평소에 연락을 잘 안 해요. 그리고 주위 사람들도 한국에 대해서는 잘 몰라요.

중국에서는 남자들이 많이 도와주잖아요. 집안일을 하고…. 한국 남자는 안 그래요. 아래층에 시부모님은 애기 안 봐줘요.
애기 보는 게 많이 힘들어요.

여기 온 다음에 중국에 한 번도 안 가봤어요. 어머니, 아버지도 한국에 와서 일을 하고 싶어 하시는데, 작년에 초청을 했었어요. 그런데 3개월밖에 못 있었어요. 연장을 할 수가 없으니깐요. 그런데 나이가 많으셔서 여기서 일을 할 수 있을까 그것도 걱정이에요.

바람과 꿈

운전 배우고 싶어요.
한국어 잘 배워서 일 구하고 그러고 싶어요. 국적은 아직 취득 못 했어요. 조금 있으면 신청해야겠어요. 한국에 살면서 힘든 것은 남편이 술 많이 먹어요. 술 먹고 때리거나 그러지는 않아요. 그냥 술을 많이 먹어서 속상해요. 그런데 술 많이 마시면 미안하다고 해요. 나쁜 건 안 해요.
시부모님은 둘째도 낳으라고 하시죠.(하하…)
한국말 빨리 배우고 그러면 남편하고 너 얘기 할 수 있겠지요.

서동민

- 중국 흑룡강성 하얼빈(Harbin)시 출생
- 27세
- 중국에서 중학교 졸업, 졸업 후 공장노동자로 근무
- 중국 결혼중개업체를 통해 남편을 만남, 결혼중개비용 지불함
- 2007년 11월 결혼(7월 20일 입국)해 제주시에 거주
- 아파트관리사무소에 근무하는 남편(40세)과 거주
- 생활문화 차이로 약간의 어려움을 겪고 있음

가족과 일

흑룡강성 하얼빈에서 왔어요. 스물일곱이예요. 두 달 전에 한국에 왔어요. 태어나서 계속 흑룡강성, 하얼빈에서 살았어요. 가족은 엄마, 아빠, 언니, 남동생 있어요. 언니랑 남동생 둘 다 결혼했어요. 학교는 중학교를 졸업했어요. 한국에 오기 전에 공장에 다녔어요.

결혼정보회사를 통한 결혼, 만남과 선택까지

7월 20일에. 결혼정보회사를 통해서 왔어요.
 남편은 마흔 살이예요. 아파트 관리사무실에 다녀요. (우리는) ○○아파트 1차에서 살고 남편은 ○○아파트 2차에서 일해요. 남편이 결혼정보회사에 신청을 했구요. 거기 결혼정보회사 사람이 한국 사람과 결혼해서 한국 갈 의향이 있냐고 물어 와서 결혼을 했어요. 결혼식은 아직 안 했어요. 11월 2일에 할거예요. 남편이랑 둘이 살 거예요. 남편 식구들은 시어머니가 있어요. 시아버지하고 시어머니는 옛날에 이혼했어요. 시어머니 … 혼자 시골에 있어요. 남편 형제는 형 한 명 있어요. 서울에 살아요. 얼굴 아직 못 봤어요. 사진만 봤어요. 통화했어요.

 결혼정보회사를 통해서 할 때, 결혼 비용은 둘 다 같이 냈어요. 결혼정보회사는 한국 회사랑 중국 회사랑 같이 하는 거예요. 나는 중국에 있는 회사에 돈을 내고, 남편은 한국에 있는 회사에 돈을 냈어요.

 결혼하기 전에 남편이 중국에 왔어요. 중국에서 6일 동안 만나고 그 다음에 편지도 하고 전화통화도 하고 그랬어요. 3개월 동안이요. 4월 6일에 처음 만났어요. 한국에 오기 전에 한국에 대해서 전혀 몰랐어요. 그냥 아는 건 TV에서 나오는 한국 드라마나 한국 프로그램들만 봤어요. 그런데 실제 여기서 생활하는 거랑 드라마에서 보는 거랑 많이 달라요. 드라마에서는 더 좋아요. 한국 드라마에서는 한국이 더 예쁘게 나오고, 더 화려하게 나와요. 실제하고 많이 달라요. 드라마에서는 너무 예쁘게 묘사되니깐 많이 달라요.

남편을 알고 난 다음부터 한국어를 공부했어요. 2개월 반 정도 한국어를 공부했어요. 한국에 오기 전에 한국에 대하여 한국 드라마로 많이 봤어요. 그런데 결혼하려고 했을 때는 컴퓨터로 한국에 대해 찾아 봤어요. 그래서 이해하려고 했어요. 중국에서 한국 방송 많이 해요. 한국 드라마 많이 좋아해요. '겨울연가', '천국의 다리', '사랑의 산책', 장나라 나온 드라마들요. '옥탑방 고양이'.

제가 살던 중국 흑룡강성, 하얼빈에서 결혼정보회사를 통해서 한국으로 오고자 하는 사람을 5년 전까지만 해도 그걸 이상하게 보고 했어요. 그런데 지금은 많이 그런 경우가 있고 일반화가 돼서 이상하게 보거나 그러지는 않아요. 신기하게 생각하지도 않아요.

중국에 있을 때, 결혼정보회사를 통해서 한국에 간 다음에 문제가 있거나 하는 일은 많아요. 좋은 얘기, 안 좋은 얘기 많이 들었어요. … 나쁜 얘기는 별로 많이 듣지 않았어요. 좋은 얘기를 더 많이 들었어요. 주변에 조선족들이 많은데 그 사람들은 한국에 오기를 많이 원해요. 한국 드라마를 봐서 다들 좋다고 말해요. 거기에서 좋은 것들 많이 보니깐 한국에 오고 싶어들 해요. 안 좋은 소리 들은 건요. 술 먹고, 때리고, 담배피고, 이런 것들이요. 그런데 좋은 얘기가 더 많아요.

남편과 시어머니, 그리고 익숙해지기

지금 남편이랑 대화는 한국말로 해요. 한국말 … 단어를 몇 개 말하면 그걸 연관 시켜서 이야기를 해요. 내가 중국 단어를 말했을 때 잘 모르면 인터넷으로 찾기도 해요. 간단한 말들은 아는데 거의 몰라요. 한국말이 잘 생각이 안 나면 중국 단어랑 한국 단어랑 섞어서 말을 해요. 그러면 남편이 알아서 이해를 해요.

시어머니와는 사이좋아요. 처음에는 조금 냉담하고 그랬는데 지금은 좋아요. 중국에서는 처음 며느리가 오면 진짜 화려하게 차리고 준비를 해요. 그런데 한국은 그러지 않아요.

내가 중국 사람이어서 시어머니나 동네 사람들이 나를 이상하게 보거나 한 적은 아직까지 없었어요. 물론 속은 어떤지는 모르지만 봤을 때 친절하게 해주고 다정하게 해주고 그래요.

남편은 쉬는 날은 집안일을 도와 달라고 하면 다 해주고, 많이 도와줘요.
추석 때 시어머니한테 낮에 가서 있다가 왔어요. 어제도 밭에 가서 일하고 왔어요.(하하…) 이제까지 밭일 도와드리러 두 번 갔어요.

문화차이와 적응

한국에 오니깐 중국과 언어도 다르고, 습관, 관습도 다 달라요. 너무 달라서 불편한 점이 많아요. 힘들었던 점은 … 한국에는 규범이 너무 많아요. 한국에는 예의범절이 너무 복잡해요. 중국에서는 따로 인사를 잘 안 해도 되지만 한국에서는 꼬박꼬박 인사를 해야 해요. 이건 뭐 해야 하고, 이건 뭐 해야 하고 이런 게 너무 많아요. 한국은 항상 인사를 잘 해야 해요. 중국에선 그러지 않아요. 먹는 것도 많이 다르고요. 매운 게 너무 많아요. 또 한국은 기름이 많은 음식을 잘 먹지 않아요. 좋아하지 않아요. 볶음 요리를 할 때 나는 기름을 많이 넣는데 남편은 싫어해요. 하지만 한국 음식 좋아요. 남편도 중국 음식 좋아해요.

중국하고 한국하고 생활하는 게 너무 달라요. 친한 친구가 한국

사람이랑 결혼을 했어요. 그래서 결혼식에 갔어요. 그런데 친구 시어머니와 제 시어머니가 친하세요. 그래서 어머니랑 같이 갔어요. 가서 시어머니가 밥 드시는데 나는 먹지 않고 옆에 계속 있어 드렸어요. 그런데 시어머니가 계속 친구한테 가서 보고 오라고 했어요. 그래도 어머니랑 같이 있었어요. 그러고 나서 다 드시니깐 옆에 있는 거를 같이 치웠어요. 그런데 시어머니가 안색이 안 좋았어요. 왜 안 좋은지 몰랐는데 생각을 해보니깐 원래는 신부한테 가서 있어야 하는데 그걸 치우고 해서 어머니 체면이 깎였다고 생각을 하는 것 같았어요.

시어머니는 사소한 거에 화를 많이 내요. 아까 (친한 사람의) 결혼식 때 왜 화나셨는지 모르겠다고 어머니한테 물어봤어요. 그런데 어머니가 더 화를 냈어요. 시어머니가 말했어요. '내가 밥을 먹으면 니가 옆에 있을 필요가 없고, 그리고 이렇게 치우는 거는 니가 할 일이 아니라, 신부를 돌보는 거다.' 라고 하면서 화를 냈어요. 나는 이해 할 수가 없어요. 화를 낼 일이 아닌데 화를 내세요. 결혼하는 친구가 저랑 많이 친하니깐 이렇게 치우는 일을 할 수 있어요. 중국에서는 그렇게 해요. 그래서 왜 화내시는지 모르겠어요.

그 외에 한국에 와서 한국말을 잘 몰라서 말하고 싶을 때 말을 잘 못 하는 거 말고는 아직은 없어요. 남편은 저한테 뭐하라고 하는 규정 같은 게 없어서 그냥 중국 방식을 따라서 많이 해요.

중국에 있는 식구들하고 일주일에 한두 번 정도 연락해요. 자주 하는 편이예요. 매일매일 전화하고 싶지만 그건 돈 낭비니깐. 그래도 남편은 자주 하라고 해요.

바람과 꿈

(하루일과는) 아침에 일어나서 밥 하고, 센터에 와서 공부하고,

집에 가서 청소하고 그래요. 거의 집에서 생활을 해요.

(중국에 있는) 우리 가족이나 친척들, 즉 중국 한족은 한국에 오면 3개월밖에 못 있어요. 중국 조선족은 한국에 오면 1년 넘게 살 수 있어요. 비자가 잘 안 나와요. 그리고 특별한 이유가 있어야 가능해요. 조선족은 바로바로 올 수 있어요. (개선되었으면 해요.)

앞으로 한국에 살면서 지금처럼 평범하게 살고 싶어요. 특별히 더 잘 사는 거 바라지 않아요. 그냥 남편과 잘 지냈으면 좋겠어요. 특별히 생각해 본 건 없지만…. 나중에 내가 한국말을 잘 하게 되면, 한국 사람들이 (저를) 자기들과 똑같이 생각해 줬으면 좋겠어요.

훠핑

· 중국 흑룡강성 하얼빈(Harbin)시 출생
· 28세
· 중국에서 중학교 졸업, 졸업 후 미용실에서 일함
· 중국 결혼중개업체의 아는 사람을 통해 남편을 만남
· 2006년 12월 결혼해 제주시에 거주
· 자동차 수리를 하는 남편(40세)과 거주
· 시부모는 시골에 거주, 문화차이로 인해 시댁과 약간의 갈등이 있음

중국생활

스물여덟 살이에요. 흑룡강 하얼빈에서 태어났어요. ○○씨와 같아요. 지금은 제주시 ○○동에 살아요. 하얼빈에서 태어나서 계속 살았어요. 하얼빈에는 지금 식구들…, 언니, 남동생, 부모님. 언니랑 남동생 둘 다 결혼했어요.

중국에서 중학교 졸업하고, 미용실에 다녔어요. 지금은 안 해요. 말 못해요.

만남과 국제결혼 선택까지

10개월 전에 한국에 왔어요. 2006년 12월에요.

결혼식은 제주도에서 했어요. 남편 나이는 마흔 살이에요. 친구 ○○○의 남편이랑 친구 사이예요.

남편은 자동차 수리, 공업사 일을 해요.

한국에는 친구소개로 왔어요. 중국 친구 있어요. 그 친구 소개로 결혼했어요. 중국친구는 지금 남편을 중국친구 … 다른 사람 통해서 알았어요. 결혼정보회사로 소개를 해줬어요. 중국 한족하고 조선족하고 결혼정보회사에서 결혼을 하게 하려고 소개를 해요. 회사에서 한국에 결혼해서 갈 의향 있냐고 물어봐서 찾았어요. 한국 회사에 있는 사람은 남편을 잘 아니깐 소개를 해주려고 한 거고, 중국 회사에 있는 사람하고도 친해서 소개를 해줬어요.

남편하고 12월에 결혼을 했고 6월에 처음 만났어요. 만난 다음 6개월을 기다리고 12월에 한국에 온 다음에 결혼식을 한 거예요. 그 동안 통화를 하고 했어요. 비자를 신청했는데 원래 11월에 올 거였어요. 그런데 그게 늦어져서 12월에 왔어요. 남편이 하얼빈에 와서 만났어요. 이때는 3일 동안이었어요. (남편은) 3일 있다가 가고, 한국 온 다음에는 통화하고 그랬어요.

지금 남편하고 대화는 괜찮아요. 생활하는 데는 한국말 조금 할 줄 알아요. 그 정도만 하면 남편은 다 알아 들어요. 단어만 이야기하고 그러면 남편이 알아들어요.

결혼생활: 시댁식구들, 문화차이와 적응

제주시 ○○동에서는 남편이랑 저, 둘만 살아요. 남편의 부모님은 농촌에 살아요. 남편 형제 있어요. 5명 있어요. 남편이 두 번째예요. 남편 형제들은 다 만나 봤어요. 여기 와서 … 서울에서 만났어요.

한국에 오기 전에 한국에 대하여 한국 드라마로 많이 봤어요. 그런데 결혼하려고 했을 때는 컴퓨터로 한국 찾아 봤어요. 그래서 이해하려고 했어요. 중국에서 한국 방송 많이 해요. 한국 드라마 많이 좋아해요.

추석 때 시부모님께 갔어요. 내가 요리했어요. 같이…. 힘들어요. 7시간 (음식) 만들었어요. 동서와 같이 했어요.

중국하고 한국하고 생활하는 게 너무 달라요. … 어머니가 음식을 해서 저보고 오라고 빨리 와서 먹으라고 했어요. 그런데 내가 늦게 갔어요. 그래서 어머니 화나셨어요. 내가 생각할 때는 별일 아닌데, 어머니는 크게 생각하세요.

중국음식 많이 해 먹어요. 남편도 음식 가리지 않고 중국 음식도 잘 먹어요. 그래서 남편이랑 별로 충돌이 없어요. 한국 음식은 아직 좀….

시부모님이 니한데 잘 해주세요. 치음에 한번 안 좋았어요. 아까 말 한 것 중에 … 식사 준비를 하면 빨리 와서 먹으라고 하는데 그러지 못 해서요. 그리고 할 일 하다가 부르면 빨리빨리 가야하는데, 늦으면 또 혼나고. 또 식사 준비를 할 때 남편이 도와주지 않고 방에만 계속 있었어요. 그런 건 중국에서는 없어요. 그래서 뭐라고 했더니 시어머니가 (저를) 혼내셨어요. 나는 잘 모르겠어요. 중국 사람들이 볼 때는 아무런 일이 아닌데, 한국 사람들은 작은 일에도 신경을 많이 써요. 그리고 중국에서는 아내가 일을 하면 남편이 다 도와줘요. 그런데 여기는 그렇지 않아요. 하루는 그래서 남편한테 화를 냈어요. 그 다음부터 남편이 잘 도와줘요. 그런데 시어머니 있으면 남편한테 뭘 시킬 수가 없어요. 화낼까봐. 이런 건 이해가 안 돼요. 남편도 시어머니 말을 아주 잘 들어요.

내가 중국 사람이어서 주변사람들이 나를 안 좋게 보거나 한 적은 없었어요. 다 잘 해줬어요.

바람과 꿈

여기 와서 피부관리실에 일주일에 두 번 가요. 남편 친구가 하는 피부관리실에서 일해요. 아르바이트로!

애기는 지금 없어요. 가질 계획은 있어요.

언제인지 모르겠지만 중국 가서 살고 싶어요. 중국 가서 … 남편이랑 같이요. 남편이랑 (이런) 이야기 해 봤어요. 남편도 좋다고 했어요. 시부모님은….

앞으로 남편과 시댁식구들이 (중국에 있는) 우리 가족이나 친척들이 한국에 올 때 좀 편했으면 좋겠어요. 중국 조선족은 괜찮은데 중국 한족은 좀 까다로워요. 그게 좀 편해졌으면 좋겠어요.

친구 ○○○ 남편과 제 남편과는 어렸을 때부터 친구예요. 고향이 같아요. (제주시) ○○. 그래서 서로 소개해 줬어요. 부인이 중국 사람이니깐 서로 알고 지내라고.

이희옥

· 가명
· 중국 연길(Yanji)시 출생(조선족)
· 42세
· 중국에서 중학교 졸업, 중국에서 한시적인 일에 종사
· 3년 전 아는 사람의 소개로 남편을 만남
· 재혼, 첫 결혼은 28세에 한 뒤 이혼, 아들이 중국에 거주
· 2004년 결혼해 제주시에 거주
· 농사일을 하는 남편(43세)과 병석에 있는 시부모와 거주
· 시부모 병간호와 과중한 농사일 등으로 힘들었고 스트레스로 현재 심신이 힘든 상태임

인터뷰 거절 후 인터뷰 재개

제 이름을 가명으로 해도 다 알 거예요. … … (조사자의 설득과 설명) … (인터뷰에 응하는 것이) 부담이 되네요. ○○(구술자 선정에 도움을 준 시민단체 관계자)한테는 내가 믿으니깐 얘기를 하는 거예요. 이렇게 얘기를 해서 해결이 되는 것도 아니고….

내가 … 우리 신랑이 이걸(인터뷰한 것을) 보면 내가 더 힘들어져요. (조사자의 설득과 설명)….

한국여자들은 그런 생각 안 할 텐데….

노력하면 할 수 있을 것 같은데…. (긴 설득과 본 조사의 취지에 대해 설명) 글씨는 같은데 뜻이 다르니까요. 처음에 왔는데 혼저(빨리) 해라, 이렇게 하는 거예요. 나는 지금 일을 하고 있는데 도와주지도 않고 가는 거예요. 그래도 이상해도 '네.' 하고 있는데, 나중에 보니깐 '혼저옵서예.' 라는 걸 봤어요. '혼저' 라는 게 혼자라는 뜻이 아니고 (제주도사투리로) '빨리' 라는 뜻이구나 하고 알았어요.

출생과 가정형편, 그리고 첫 번째 결혼 실패

중국이름은 ○○이고, 한국이름은 이희옥이예요. 이희옥이요. 중국에서는 ○○인데, 여기서는 희옥이라고 해요. 나이는 마흔하나요. 중국 길림성 고문시예요. 거기서 태어나고 살았어요.

학교는 중학교까지 나왔어요. 중학교 졸업 후 집에서 집안일 같은 거 도와주고, 거의 일은 안 시켜요. 여자가 집에서 고생하면 나중에 시집가서 고생한다고 해서 일 잘 안 시켜요.

중국 가족은 아버지, 엄마, 남동생, 언니예요. 아버지는 돌아가셨어요. 아버지, 어머니는 농사를 지었고. 언니는 처녀 때는 옷 만드는 거 하다가 결혼한 다음에는 안 해요. 남동생은 농사, 하우스를 해요.

거기서 처음 스물여덟에 결혼했어요. 전남편과는 우리 동네 옆에 좀 떨어진 동네에 살았어요. 전남편이 지금 남편이랑 많이 닮았는데, 둘 다 착해요. 그런데 두 사람 다 … 내가 잘 살고 싶은데 그 두 사람 다 나를 이해하지를 못해요. 그리고 다 자기 가족들을 너무 사랑해요. 그래서 나는 외톨이가 되는 것 같아요. 전남편은 같은 조선족이었어요. 그렇게 해서 애기 낳고 … 다섯 살인지, 일곱 살인지 잘 모르겠어요. 그 사이예요. 별거하고 나서 이혼했어요. 남편은 그때 농사지었어요. 그 당시에는 농사를 짓고 해도 먹고 사는 데는 괜찮았어요.

내가 어렸을 때 사람들이 내게 '머리가 좋다.', 선생님들도 내가 '머리가 좋다.'는 말을 했어요. 내가 선생님이 어떤 문제를 주면 딱 풀어버려요. 그런데 우리 집이 그렇게 잘 사는 것도 아니고, 그래서 공부를 더 안 했어요. (그렇다고) 속상하지 않았어요. 동생이 공부하니깐 괜찮아요.

어릴 때부터 노래는 듣는 거만 좋아했어요. 감상하는 게 좋았어요. 7살까지 노래하는 거 좋아했는데 그 다음부터는 별로 안 좋아했어요.

아버지는 69세 때 돌아가셨어요. 제가 38세에요. 한국에 온 다음에 돌아가셨어요. 아버지가 나를 많이 아꼈어요. (아버지는) 나를 땅에다 놓지를 않았어요.

재혼으로 국제결혼을 선택하기까지

… 내 친구는 한국 있다가 신랑 잘못 만나서 나중에 다른 사람이랑 다시 결혼했어요.
보통 결혼정보회사를 통해서 결혼을 많이 해요. 난 싫어요. 그런 거는….

그 이유는 확실하게 믿을 수가 없잖아요. 그래서 난 아는 사람을 통해서…. 내가 살 거니깐, 내가 살아야 하니깐 믿을 수 있는 사람….

결혼정보회사로 오는 사람들은 만나보지도 못하고, 내가 선택해서 그 사람 믿고 왔으니깐 소개한 사람 원망 안 해요. 남편이 병 있는 거 알았지만 그거 원망 안 해요. 그게 자기 약점인데, 그걸 앞으로 극복하면서 앞으로 잘 살아볼까….

(저는) 아는 사람 소개로 만나서 비용은 많이 들지 않았어요. … (사람들이) 나를 보면 믿음이 가잖아요. 그래서 나한테 중국 사람도 많이 소개해 줘요. 그런데 나는 싫다고 안 간다고 해서 안 했어요.

중국에 살 때, 다른 중국 사람들이 (나에게) '믿음은 주는데 너무 순진하다.' '착하다.' '순진하다.' 그런 얘기들을 했어요. 내가 일을 하면 끝을 본다고 해요. '(한국 가면) 좋은 신랑 만나면 니가 잘 살텐데, 나쁜 놈 만나면 니가 어떻게 할 거냐?' 그랬어요. '넌 너무 순박하다' 는 얘기 많이 들었어요.

전남편의 애기는 전남편이 키우지만 어디 보냈다고 하는 소리도 들었어요.

한국에 2004년도에 왔어요. 한국에 와서 결혼식도 했어요.
한국에서는 시아버지, 시어머니, 남편이랑 함께 살아요.
남편의 형제들은 5형제요. 2남 3녀. 다 결혼했고 우리 신랑만 남았었어요. 제주도에는 우리 시누이하고, 시형하고, 우리 신랑하고 3명이요. 남편 아래로 동생이 있었는데, 먼저 가버렸어요. 원래는 4번째인데, 이젠 막내가 된 거죠.

남편은 초혼이고 나는 재혼이죠. 남편에게는 이혼했다고 얘기 했어요. 그런데 나중에 전화 와서 '애기 있다면서요?' 하는 거예요. 그래서 나는 '이 나이에 아기 안 낳은 여자가 어디 있냐?'고 그랬어요. 그래서 기분 나빠하는 거예요. 그래서 내가 나중에 전화를 해서 '이제 오빠 맘 다 알았으니깐 내 신분증이랑 이런 거 보내주세요.' 했어요. … 나도 이미 애기 있는 여자니깐….

…' 다른 사람이랑 결혼해라.' 라고 했어요. 우리 신랑은 처음에 (가족에게) 인사하러 왔을 때, 다들 마음에 들어 하고 했어요. 그런데 그냥 내가 다 돌려달라고 했어요. '내가 좀 생각을 해 보겠다.'고 하고. 시어머니네는 몰라요. 내가 애기 낳았다는 얘기할 필요는 없잖아요.

결혼 후 시부모 병간호로 힘든 생활

한국에 와서 다른 식구들은 저에게 잘 해줘요.

남편은 가족들하고는 괜찮아요. 그런데 시누이는 성격이 급하니깐 나랑도 몇 번 싸웠어요. 시아버지가 아프신데 … 3년 넘었어요. 내가 약혼을 해서 한 달 만에 그랬어요. 간암 판정이 난 거예요. 시어머니는 다리 아파서 병원에 매일 다녀요. 나도 … 아픈데…. 시어머니도 아프고, 시아버지도 아프고 해서 힘들어요.

힘들죠. 그런 것 때문에 스트레스를 받는 거죠. 뻗치고. 시아버지 병수발도 해야 하고. 어쩔 때는 시어머니 위로도 해 드려야 하고.

시어머니는 내가 시어머니 도와 드리고, 시아버지 병수발 해 드리고 그러는 거에 대해서 … 부담스러워 하시는 거 같기도 해요. 아버지 때문에 그런지 부담스러워 하는 말투가 나오기도 해요. 그래서 내가 어머니가 나하고 '사는 게 부담스럽지 않냐?'고. (저는) '부담스럽다면 따로 나가서 살겠다.' 고 그랬어요.

(나는) 부담스러워 하지 않는데 시어머니가 부담스러워 하시면 따로 나가서 살겠다는 생각이 들어요. 그런데 얼마 남지 않은 인생이니깐 … 최대한 편하게 보내드리고 싶어요.

기대와는 다른 결혼생활

나, 한국 오면 가게라도 하나 차리든지, 잘 살고 싶었어요. 나 농사는 잘 못해요. 처음에는 농사 안 하려고 했어요. 꼬부랑 할머니가 일을 하는데, 내 어머니도 있는데, 만약에 내 어머니라면 내가 안 도와 줄 거냐, 그러다 보니깐 (농사일을) 하기 시작했어요. 그런데 이제 몸이 너무 안 좋아져서 걱정이예요. 어깨가 이렇게 펴야 되는데.(하하…) 꿈이 너무 많아서…. 그런 게 화가 나는 거예요.

제주도에 제일 처음 왔을 때 슬펐죠. 와 보니깐 낼모레 돌아가실 시아버지 계시고, 그래서 급히 온 거예요. 그리고 집에 갔더니 집에는 먼지가 가득 앉아 있고, 보일러도 안 되고, 화장실도 똥 싸면 팍 튀는 푸세식(재래식)이고, 반겨주는 사람도 없고, 그때 생각에는 '어떻게 하나?' 생각이 들었어요. 그런데 내가 중국에 다시 돌아가면 내 부모는 어떡해요? 내 부모가 얼마나 아플 텐데. 꿈은 산산이 부서졌어요. 내가 이 모양 된 거를 생각하면 죽고 싶어 바닷가 몇 번 갔어요. 죽으려고. 혼자 울면서. 그때는 내가 옷도 이쁘게 입고, 얼굴도 이뻤으니깐. 옛날에도 화장 안 했어요. '화장 안 해도 이쁘다.' 그랬어요. 사회 나가서는 못 생겼다고 하지는 않았어요.

남편이 뭘 해줬어야 했는데, 그걸 풀어주질 못해서 조금 힘들어요. 말 한마디라도 … 산뽀(산책)라도 좀 같이하고 얘기도 하고 그러면 좋은데 신랑이 신체가 부족해서. 힘들어서…, 내가 외로워요. 남편이 위로도 해주고, 말벗도 해주고, 친구처럼 지내야 하는데 … 그러지 못하니깐 힘든 거고.

지금 남편과 농사를 같이 지어요. 그전에 남편은 농사일을 얼마 안 했죠. 내가 오기 전에야. 내가 아프면 어떡해요? 내가 꿈꾼 거는 다 깨졌고, 나는 어떻게 해야 하나….

남편은 … 서울에 가서 직업 한번 … 보시다시피 성격이 빠르지 못하니깐 … 일을 하면 다른 사람을 시키고 해야 하잖아요? 그런데 그런 걸 못해요. 내가 남편한테 전에 어떤 일을 어떻게 했냐고 물어보면 남편이 스트레스를 받을 것 같아요. 내 생각은 그래요. 이 사람이 과거가 잘 됐으면 지금 여기 안 있을 텐데, 내가 그 사람한테 과거 물어보면 그 당사자는 마음이 얼마나 아프겠어요? 그냥 그때 어떻게 했었다고 얘기하기를 내가 기다리는 거죠.

결혼하고 나서 남편이 농사를 짓고 해서 생활해요. 통장은 처음에는 안 맡겼다가 남편이 다른 사람 돈 빌려주고 그래서 … 그 다음엔 시어머니가 맡기도 했어요.
생활비를 남편이 주기는 했어요. 나 혼자 못 사잖아요. 같이 갔어요. 그리고 남편이 카드로 계산했어요. 이런 것 때문에 속상하지는 않았어요. 편했어요.

요즘은 부조가 많아서 생활비가 많이 들었어요. 농사를 짓고 돈 천만 원 모으는 건 오기로 모으는 거예요. 이거는 내 꿈이다 그러면서 … 중국에서는 많이 아껴요. 소소하게. 이건 이렇게 모았다가 그걸로 다시 농사짓고 그러는 거예요. 또 외상으로 사서 농사짓고 나중에 갚고 그렇게 해요.

한국에 와 보니깐 법적인 것들도 어려움이 많아요. 내가 조합원을 들려고 해도 내가 국적이 없으니깐 못 들어요. 컴퓨터 하려고 해도 가입이 안 되는 사이트도 있어요. 나도 모임 같은 거 들고 싶어도 내가 농협 조합원이 아니어서 들지 못해요.

이런 것 이외에 경제적인 문제가 어려워요. 나는 돈은 별로 없어도 두 사람이 빌면 된다고 생긱했거든요. 그린데 남편이 돈에 대한 욕심이 별로 없어요. 집에서 농사를 지어야 되는데 아무것도 없는 거예요. 그래서 밭 갈고 그러는데 다른 사람들한테 부탁을 하고 해야 하는데, 미안하고 그랬어요.

남한테 신세지지 않고 도와주고 싶은 것 있으면 도와주고 싶고, 내가 돈이 있으면 그러고 싶어요.

지금 집이 시아버지 이름으로 됐어요. 안커래·밖커래 이렇게 살아요. 나는 (제주도) 집이 그런지 생각 못했어요. 일하기도 불편해요. 작업하기도. 창고라도 하나 지으려고 하는데 돈이 많이 들고. 내가 집을 이렇게 이렇게 했으면 좋겠다고 생각해도 돈이 많이 드니깐. 차라리 이거 2층 집 지으면 공간이 이용이 되잖아요. 그래서 앞에 마당에는 꽃도 심고 정원도 만들고요. 이렇게 나랑 같은 생각을 하는 한국 사람도 많아요.

저번에 남편이 아는 사람한테 대출해서 돈 빌려주고 해버려서 속상한데, 우리 신랑이 먼저 화를 내는 거예요. 나는 그게 또 화나는 거예요. 미안하다는 소리는 안 하고. 그런데 우리 신랑이 그건 받을 수 있는 돈이라고 했어요.
나는 울고, 그거 받는날까지 속이 막 타고. 나는 혹시 우리 남편이 감옥 갈까봐, 우리 남편은 잘못한 게 없는데 감옥 갈까봐…. 난 남편 하나만 믿고 사는데….

나는 남편이랑 얘기할 때 남편이 내 말을 이해할 때도 있지만 오해할 때가 많아요. 내가 친구네 집에 가면 나도 그렇게 살고 싶어요. '우리도 노력하면 그렇게 될 수 있다.' 이렇게 말을 해요. 그러면 남편은 내가 질투한다고 생각을 해요. 그게 속상해요.
속상하면 그냥 참죠. 울지도 못해요. 울면 또 화내고 하니깐 스트레스 못 풀어요. 그냥 여기 쌓여요. 복지관에 갈 수도 없고…. 친구들하고 얘기를 해도 중국에서 온 사람들 다 힘들잖아요. 나보다 더 힘든 사람들도 있고. 그냥 만나면 좋은 말하고.

의사소통 문제와 문화차이, 시대와의 갈등, 그리고 힘든 적응

시어머니랑 얘기할 때는 처음에는 시어머니가 내 말을 못 알아들었어요. 처음에는 그냥 따라 했죠. 쌍년이라 그러면 쌍년이라고 하고. 옆에 사람들한테 '미친년' 이러면 아, '미친년' 그렇게 알고.

(구술자는 '미친년'을 욕이 아니라 제주도 사투리로 알고 있었다. 조사자가 한참 동안 그 용어를 설명해주어야 했다.)

그분들이 나한테 그렇게 하니깐 … 처음에는 내가 중국 사람인 줄 알고 그랬나 봐요. 그리고 하루는 우리 시어머니가 막 잔소리 하니깐 우리 시아버지가 '시끄러워' 그러면 우리 시어머니는 '입 다물어' 그러고. 그래서 나도 '시끄러워'라고 그렇게 말해요.(하하…) 다른 사람들이 그렇게 하면 안 된다고 하는데, '내가 이렇게 하면 우리 집에서는 조용해져요.' 그래서 그때 그 삼촌[1]이 (저에게) 그렇게 말하면 나쁜 말이라고 말해 주는 거예요. 그래서 어머니한테도 말하고 했어요. 이제 어머니도 그렇게 안 해요. '시팔년'(욕)도 안하고, '시끄러워'도 안 해요.

제주도 사투리 이젠 많이 알아들어요. 그땐 잘 몰랐어요.
(그 땐) 못 알아들으니깐 편했어요. 나한테 말한 거 뭔 말인지 모를 때가 있는데, 시간이 지나니깐 해석을 해줬어요. 그런데 알아들으니깐 분해요. 분한 거예요. 그 사람들이 나를 무시했구나 생각을 하니깐 분했어요. '나쁜 말을 나한테 했구나. 나를 왜 그렇게 대하지?'라고 생각을 계속 했어요.

동네사람들은 안 그랬어요. 그런데 그 사람이 말해요. 습관적으로 계속 '미친년', '미친년'.

우리 동서도 좀 뭐하면 그러든데… 형님이 그런 말을 해서 내가

1) 제주도에서는 촌수가 인지되는 범위 내에서, 자기와 같은 세대에서는 형, 아우라는 호칭이 사용되고 부모세대에서는 성(性)에 관계없이 모두 삼촌이라는 호칭이 사용된다.

형님한테 '그거 나쁜 말인데 왜 해요?' 라고 했어요. 그러니깐 형님이 그건 나쁜 말이 아니고 가까운 사람끼리 하는 말이라고 했어요.
　나쁜 말이든 좋은 말이든 무조건 따라하는 거예요. 그래서 그걸 배운 사람한테만 따라서 해요.

　주변 동네 어른들은 다 잘 해줘요. 맛있는 거 있으면 불러서 주고. 농촌에 사니깐 그런 경우가 더 있는 것 같아요. 자기네 집에 귤 있고 그러면 불러서 주고 그래요. '우리 희옥(구술자)이 갖다 줘야지.' 그래요. 그리고 '희옥아, 저기 상추 있으니깐 따다 먹어라.' 그렇게 해요. 그리고 그 삼촌은 나는 찐빵 좋아하니깐 제사 때 찐빵도 많이 주고 그래요.

　한국에서 살아간다는 게 쉽지 않아요. 한국에 대하여 모르는 게 있을 때 시어머니한테 물어보고 했어요. 아니면 오빠(남편)한테 물어봐요.
　중국에서 컴퓨터를 다루기는 했는데, 한국이랑 많이 달라요.

　서부종합사회복지관은 거기에서 전화가 와서 갔어요. 작년에 전화가 와서 복지관에 올 수 있냐고 했어요. 그런데 내가 '죄송합니다, 가고 싶은데 내가 농사도 지어야 하고, 시아버지도 돌봐야 하고, 시어머니도 도와 드려야 하고, 그래서 가고 싶어도 못가겠어요.' 라고 말했어요. 그런데 시간을 좀 변경해 줬어요. 그래서 그때 그렇게 해준 게 많이 고마웠어요.
　복지관에 참석하니깐 기분이 좋았어요. 가서 다른 사람들을 만나고 하니깐 좋았어요. 그리고 내가 뭔가 배우는 거에 기분이 좋았어요.

　한국에서 많이 힘들 때는 일을 죽도록 해요. 일부러 일을 미친 듯이 더 많이 해요.
　중국에 있을 때는 한국에 있을 때보다 스트레스 덜 받았어요. 그냥 산뽀(산책)하고 그래요. 그런데 여기는 시골이여서 산뽀(산책)

같은 거 잘 못해요. 남편은 (내가 스트레스 받는 것에) 관심이 없어요. 오히려 피곤하다고 소리 지르고 그렇게 해요.

우리 시댁식구들은 국제결혼 한 거에 대해서는 일체 상관 안 해요. 둘째 시누이가 말은 많이 하지만 똑똑하니깐, 처음에 한국에 와서는 남편도 무심하고 얘기할 상대가 없어요. 신경을 안 쓰니깐. … 내가 시누이한테 '나 이렇게 살았어요.' 라고 말을 했어요. 그러니깐 시누이가 남편을 앞혀 놓고 이야기를 했어요. '이왕에 니가 사람을 데리고 왔으면, 사람을 살게끔 해줘라. 나를 데려 왔으면 내가 살아갈 길을 열어 달라, 나를 보호해 달라.' 그렇게 얘기를 했어요. 그 한마디를 평생 잊지 못할 거예요. 대개 감사한 거예요. 시누이가 따로 용돈을 챙겨주기도 하고 그래요.

남편이나 시댁식구들은 중국 문화에 대해 관심이 없어요. 그냥 맘에 안 들면 '너, 중국에는 그렇게 하고 사느냐?' 하고 말해요. 그럼 기분이 나빠요. … 나는 돈을 아끼려고 옷도 5,000원 짜리 사고 입는데, 그런 것도 잘 몰라주고 그래요.

저 그런 말 들었어요. '중국 사람들은 머리도 안 감는다면서?' 이런 말 들었어요. 그리고 중국 물건들이 안 좋다고 그렇게 말해요. 농사지을 때 농약 많이 한다고 말해요. 그런데 우리 아버지는 선생님 하다가 농사를 지었는데, 그렇게 농약을 많이 하지 않았어요. 그건 외국 사람들의 착각이예요.

중국에선 남자가 자기가 높다고 생각을 하면서 여자를 사랑해 주는 거예요. 많이 봐주고, 많이 포용해 주는 거예요.
중국에선 남자가 집안일 많이 해요. 애기 보는 것도 남자가 잘 봐줘요. 집안일도 서로 같이 해요. 시간이 되면 같이 해요.
중국에서 '남편은 부인한테 어떻게 해야 된다' 는 뭐 그런 건 없어요. 나만 사랑해 주면 되요. 중국에서는 여자는 일 많이 안 해요.

그래서 집에 있으면 남편은 자기가 맛있었던 거 사다주고 그래요. 그리고 일도 많이 도와주고 해요. 우리 형부가 지금 그래요. 우리 언니들은 형부들이 다 잘 해줘요. 나만 반대하는 결혼했어요.

　행복한 결혼생활은 서로 이해하고, 사랑하고, 생각하면서 사는 것이라고 생각해요. 서로 터놓고 살았으면 좋겠어요. 의사소통이 잘 되고. 다 꿈이 있잖아요. 그 꿈을 이루면 좋겠죠. 그런데 지금 내가 너무 피곤하고 힘드니깐 밖에서 좀 추스르고 가려고 한 거예요. 농사지으니깐 쉬는 날이 없어요. 그런데 너무 피곤해요. 나도 이제까지 많이 노력했는데 그게 잘 안 되니깐.
　앞으로 남편과 남편의 가족을 위해 최선을 다 할 거예요. 가족은 소중하죠. 내 아버지, 어머니 사랑하는 것 만큼 내 시부모님도 내 부모라고 생각해요. 나도 남편의 가족 중에 한 명이라는 생각이 들어요. 물론 시누이지만, 남편 누나가 아니라 언니라고 생각을 해요. 그런 생각을 많이 해요. 그쪽도 나를 그렇게 생각해줬으면 좋겠어요.

　나도 애기 안으면 좋아요. 스트레스 받고 피곤해도 애기 보면 기분 좋아요. 그런데 애기 낳으라는 얘기 들으면 스트레스 받아요.

　한국에 살면서, 한국의 문화가 처음에는 신기하다고 생각했는데, 이제는 재미있어요. 말하는 것도 재미있어요. 같이 따라하고 같이 얘기하고 그러면 재미있어요.
　한국에 온 다음에는 중국에는 아버지 돌아가실 때 다녀왔어요. 그리고 3년 상 때요. 두 번 다녀왔어요.

　한국에서 밑반찬, 김치 그런 거 배웠어요. 생활요리 배웠어요. 그리고 풍물은 배우다가 제대로 못 배웠어요. 시간이 안 되니깐. 컴퓨터도 조금 배웠어요.

　집에서 하루 일과는 아침에 7시에 일어나서, 바쁘면 더 일찍 일어나기도 해요. 일어나서 밥 해먹고, 어쩔 때 바쁘면 밥도 못 먹고. 그 다음 야채밭에 가서 일해요. 그 다음에 점심 먹고 다시 밭에 가요. 겨울에는 파 작업도 해요. 어쩔 때는 밤 9~10시까지도 해요. 그런데 젊은 사람이 이렇게 살지 않잖아요? 우리 신랑은 겨울에는 새벽 5시 반에 일어나야 해요.

그런데 밤에는 시간이 아까워서 잠자기가 싫어요. 그래서 TV 봐요. 잠은 올 때 자요. 신랑 없으면 신랑 올 때까지 잠 안 자요.

5,000원짜리 옷 입고 다녔는데, 내가 그 옷을 입고 다녀서 남편하고 많이 싸웠어요. 그 옷을 너무 많이 입어서 찢어진 거예요.(하하…) 살려고 노력을 많이 했는데 그걸 가족들이 잘 몰라주니깐 속상해요. 그리고 시아버지 아프셔서 제가 수발을 하는데 다른 형제들은 잘 도와주질 않아요. 그래서 힘들었어요.

한국에 와서 보니깐 중국하고 가장 다른 것은 여기 사람들은 너무 상대방을 생각 안 하고 말해요. 중국 사람들은 '내가 이 말하면 당신이 아파하지 않을까?' 하고 생각하고 말해요. 그리고 같은 말이어도 조금 돌려서 말하곤 해요. 물론 중국에도 말 나쁘게 하는 사람들 있어요. 그래도 대부분 안 그래요.

한국음식은 처음에는 못 먹었는데 이제는 괜찮아요. 냉면이 제일 맛있어요. 김치는 매워요.

한국에서 가장 좋았던 건 동네에 삼촌들이 잘 해주는 게 너무 좋아요. 처음에는 많이 힘들었는데 지금은 괜찮아요.

바람과 꿈

앞으로 제주도에 살면서 바라는 것은 아직까지는 집 새로 짓는 거밖에는. 그 꿈이 깨지면 너무 눈물이 나는 거예요.

남편이나 가족이 건강했으면 좋겠어요.

지역사회, 복지관이나 센터 같은 데서 언어 문제를 도와주었으면 좋겠어요. 외국 사람들은 언어가 많이 문제예요. 그런데 우리 조선족들은 말은 할 수 있지만 뜻풀이 같은 게 잘 안 돼요. 제주도 사투리도 잘 모르고요. 말의 의미를 알아들어야 오해가 안 생기는 것 같아요. 잘 살아갈 수 있는 환경 같은 게 잘 됐으면 좋겠어요. 아이들을 키우면서 양육비 같은 것도 있지만, 그 사람들이 아이를 뒷바라지 하려면 돈이 필요하잖아요. 그러려면 일을 해야 하잖아요. 일자리 같은 거를 소개해 주고 그랬으면 좋겠어요. 아는 동생이 '언니 나 돈 떨어졌는데 어떻게 해?'라고 말해요. 처음에는 많이 힘들어서 막 울고 그랬어요. 그런데 요즘은 날 위로해요. 언니 힘내.(하하…)

한국정부는 주민등록증 같은 게 빨리 나와서 한국여자들 하고 동등하게 살 수 있으면 좋겠어요. 안 그러면 사회에 나가서 이것도 안 된다, 저것도 안 된다 그러면 힘든 거예요. 그게 빨리 나왔으면 좋겠어요. … 외국인 대상으로 해서 싼 이자로 해서 대출을 받을 수 있으면 좋겠어요.

한국 생활하면서 잘 살기 위해서 운전 배우는 것 준비하고 있어요. 영어, 한국어도 더 배우고 싶어요. 여기 있으면서 사람들하고 말이 잘 안통하고 그럴 때 소리 지르는 거 너무 싫어요.

남편을 믿는 만큼, 경제권을 남편이 맡으면 알뜰하게 잘 했으면 좋겠어요. 그동안 내 속 썩였던 거 알아줬으면 좋겠어요. 내가 전에 그 돈 모으느라고 얼마나 고생을 했는데…. 우리가 나중에 돈 많이 벌어서 그때 돈을 빌려달라고 하면 돈을 빌려 줄 수 있는데, 지금은 내가 외국에서 와서 고생하면서 모은 돈인데…. 그리고 사람들이 정신적으로 많은 도움을 줬으면 좋겠어요.

조옥란

- 중국 길림(Jilin)성 출생(조선족)
- 32세
- 중국에서 사범학교 졸업, 졸업 후 학원강사로 일함
- 친구어머니 소개로 남편을 만남
- 2003년 6월 결혼해 제주시에 거주
- 친정식구(부모와 남동생)를 제주로 초청
- 자동차정비사인 남편(39세)과 친정식구(남동생), 4살 된 딸과 거주
- 처음에는 시댁식구들과 농사 일로 갈등이 있었지만 지금은 사이가 좋음
- 현재 시민단체 간사로 일하고 있으며, 현재의 생활에 만족
- 한국국적 취득

가정형편과 교육, 한국으로 이주해온 친정식구들

나이는 32살이요. 중국 길림성 매하구(Mehagu)시에서 왔어요. 태어나서 계속 매하구시에 산 것은 아니고 이것도 후에 이사 간 거예요. 원래 시골에 살았는데 큰 다음에 시내로 이사 온 거죠. 그래도 거의 그 주위에서 살았어요. 현재는 제주시 ○○에 살아요. 한국 온 지는 4년 넘었어요. 2003년 6월에 왔어요.

종교는 없어요. 중국에서 가족은 어머니, 아버지, 남동생, 나.

지금 우리 가족들 다 한국에 와서 살고 있어요. 남동생은 저랑 같이 살고, 엄마와 아버지는 ○○(제주)에 살고, 남동생은 식당에서 서빙하고, 엄마와 아버지는 전복 키우는 양식장에 다녀요.

남동생은 제가 초청을 해서 온 거고, 엄마의 아버지는 할아버지가 원래 여기 한국 분이셨으니깐 큰아버지가 한국 분이셔서 큰아버지 초청으로 오신 거죠. 여기 (가족이) 다 와 있어 좋아요. 중국 갈 일도 없고. 그래서 중국도 못 가봤죠.

부모님은 중국에서 제가 어릴 때는 농사를 하다가, 조금 큰 다음에는 북경에 가서 식당도 하고, 그러다가 아버지가 호주에 갔거든요. 1992년도에 한국 갔다가 몇 달 있다가 중국으로 오시고, 그리고 1995년도에 호주 갔다가 … 엄마는 그냥 집에 있고.

중국에서 3년제 대학을 나왔어요. 초등학교부터 고등학교까지는 집 옆에 있는 조선족 학교를 다녔고요. 대학교는 흑룡강성 쪽으로 갔어요. 사범학교를 졸업하니깐 분배를 받았는데, 학교 교사로. 그런데 그게 월급이 적다고 가지 않고 혼자 밖에 나와서 학원 강사를 했어요. 중국 심양에서.

중국에 있을 때 특별히 기억에 남는 큰 일 같은 건 없었어요. 제가 어렸을 때 많이 아프고 비리비리 해가지고 집에서 엄마, 아버지가 동생보다 (나를) 더 잘 챙기고 그랬어요. 사랑 듬뿍 받고 그렇게 컸어요.

고모들 … 친척들은 제가 오기 전에 중국에서 서울로 다 오신 거죠. 할아버지 고향이 원래 경상남도 그 쪽이어서….

제주도에 살면서 언어 말고, 힘든 건 없는 것 같아요. 그냥 편하게 사는 것 같아요. 그리고 제가 여기서 일을 하는 게 행복하거든요. 나름대로 지금 보람을 느끼고 있어요.

친정부모님이 여기 오셔서 (결혼한 뒤) 중국에 한 번도 못 가봤어요. 원래 할아버지가 한국 분이시다 보니깐 부모님은 지금 귀화 신청을 해 뒀어요. 귀화하시면 여기 살겠지요. 근데 그게 갈등이예요. 이걸 국적 신청을 해야 되나, 아니면 돈만 벌고 중국으로 가야 되나 하고….

저도 중국 가보고 싶어요. 가서 친구도 보고 싶고. 내가 거기에서 28살에 왔으니깐. 친구들 다 거기에 있는데….

외로움은 안 탔어요. 와서 솔직히. 결혼하자마자 두 달 있다가 친정엄마, 아버지가 왔거든요.

남동생은 스물일곱인데 제가 초청을 해서 온 거예요. 초청을 해서 무조건 올 수 있는 건 아니지만 대부분 된다고 생각하면 돼요. 그리고 일정하게 운도 따라줘야 하고.

국제결혼 선택까지, 만남과 선택

친구 엄마가 소개해가지고 결혼해서 왔어요. 친구 엄마가 한국에 왔다가 남편 보고, 그리고 저한테 소개를 해 줬어요. 다른 사람들도 친지 소개나 친구들 소개로 오는 경우가 많아요. 아무래도 중간에 소개소, 브로커 통하는 거보다는 아는 사람 통하면 좀 더 믿음이 가잖아요.

남편이 길림성 와서 만났어요. 제일 처음 만나고, 그리고 괜찮다 싶고, 그래서 수속 밟는 기간에 통화 계속하면서…. 지금은 아닌데, 그때에는 결혼을 하게 되면 남자분이 중국으로 가야 혼인신고가 돼요. 그때는 신체검사도 하고 하니깐. 그래서 제일 처음 만난 다음 혼인신고 하러 한 번 더 오고. 남편 나이는 서른아홉이요. 자동차 정비사 일을 해요. ㅇㅇ주유소 맞은편에 보면 ㅇㅇ카센터 있어요.

(조선족이라서) 그냥 한국말을 할 줄 아는 거지, 한국에 대해서 잘 안다고는 못하죠. 문화도 중국이랑 여기랑 많이 다르죠. 특히 제주도는 더 하죠. 말도 더 못 알아듣고.

한국에 오려고 특별히 따로 준비한 건 없어요. 그냥 계속 출근하다가 한국 올 때 돼서 일을 그만둔 거예요.

결혼생활, 시댁식구와의 갈등경험과 극복

한국에 오면서 바로 여기(시민단체)에서 일하게 된 것은 아니예요. 제일 처음 와서 애기를 3년 키웠죠. 애기는 딸 하난데, 4살. 오자마자 임신을 하니깐, 애기 두 돌까지 키우다 보니깐 3년 걸렸죠. 애기 어린이집 보내놓고 작년부터 여기에서 근무를 한 거죠. 애기 ㅇㅇ어린이집은 12월에 가서 미리 신청을 해서 들어갔어요.

현재는 남편, 애기, 나, 남동생과 함께 살아요.
시부모님은 안 계세요. 돌아가셨어요. 제가 아예 얼굴도 못 봤어요. 시아버지는 돌아가신 지 오래됐구요. 남편이 고등학교 때 돌아가시고. 시어머니도 제가 오기 전에 5년 전에 돌아가셨어요. 거의 10년 됐죠. 남편 고향은 원래 (제주) ㅇㅇㅇ쪽 ㅇㅇ이예요. 결혼해서 ○○에 반년 살다가, 우리 남편 직장이 여기여서, 너무 멀고 해서 이사를 했어요.

　내가 한국에 오기 전에 한국에 가면 어떻게 생활을 해야겠다고 생각은 해봤죠. (그런데) 많이 달라요. 제일 처음에 왔을 때 집은 ○○이다 보니깐 공항에서 내려서, 그것도 저녁에 내렸거든요. 인천에서 막 비행기를 타고 제주도에 온 거예요. 공항에 내리니깐 밤 10시쯤 된 거 같아요. 그때 셋째 아주버님하고 셋째 형님하고 조카가 꽃을 들고 마중을 나왔더라구요. 그래도 그나마 따뜻한 기분이 들었어요. 내가 아무리 말이 통한다고 해도 먼 곳에서 왔기 때문에 제일 처음에는 외롭고 막막한 기분이 들죠. 그런데 꽃 딱 받았을 때 그나마 따뜻한 기분이 들었어요. 그러고 나서 밥을 먹고 집으로 데리고 가잖아요. 그런데 집이 얼마나 먼지…. 꼬불꼬불한 길을 엄청 가는 거예요. 아무리 집에 농사도 지어봤고 해도, 계속 밖에서 공부하고 일 하고 해서 촌의 개념이 그렇게 박혀 있지가 않은 거예요. 이걸 어떡하면 좋지 하면서 계속 가서 집에 도착했어요. 집에 도착해서 보니깐 그게 저희 집이 아니고 큰아주버님 집이였어요. 큰집에서 인사를 하고 그 다음에 우리 집으로 갔는데, 농촌에 옛날 집 있잖아요, 그런 집이었어요. 집 딱 보는 순간 '어떻게 살꼬?' 싶더라고요. 그래도 집안에 들어갔는데 집안에는 그나마 신혼이라고 가구 같은 건 새로 맞췄더라구요. 별로 비싸지는 않지만 그래도 새 걸로. 그래서 좀 위안이 된 것 같아요. 그랬는데 생활하기 시작하니깐 거기 친구가 없잖아요. 그리고 촌인데 우리 집이 제일 외딴에 살았어요. 이쪽에 아예 집이 없는 거라, 앞집에 할머니 두 분만 사시고. 그런데 제가 활발한 성격이고, 밖으로 나도는 성격인데, 며칠 지나면 적응을 잘 하는 편이여서 그거는 괜찮았어요. 그런데 시댁이랑 … 시아버지, 시어머니는 안 계셨지만 시아주버님네랑 형님네랑 갈등이 좀 있었죠.

　그게 촌이다 보니깐 형님들은 내가 농사를 짓기를 원했거든요.

그런데 제가 못됐다 보니깐 형님이 와서 농사지으라고 했는데, 내가 딱 부러지게 농사 안 짓는다고, 내 의사를 … 더 이상 그 얘기가 안 나오게끔 딱 이야기를 한 거예요. '저 농사 안 짓습니다. 여기 오기 전에도 남편이랑 상의를 하고 온 겁니다.' 남편이 땅 있다고 했거든요. 많지는 않지만 작업할 땅이 촌에 있다고. 그런데 농사는 안 짓겠다는 합의하에 온 거거든요. 그래서 그 얘기를 형님한테 다 했어요. 그것 때문에 불화가 생겨서 한동안 좀 안 좋았어요. 지금은 형님도 포기할 건 포기하고, 양보할 건 서로 양보하고 하니깐 지금은 괜찮아요.

남편은 35세에 (나와) 결혼했어요.
솔직히 한국에 오면 어떤 일을 해야 하겠다고 구체적으로 생각이 없었어요. 집에서 3년 동안 애기 키우고, 그 다음에 센터에 와서 통역도 해주고 하면서 이런 정보, 저런 정보를 얻으면서 저도 뭘 해야겠다는 그런 생각이 들더라구요.

의사소통적으로는 문제가 많지 않아요. 문화적으로는 갈등이 없었던 것 같아요. 지금은 적응이 좀 됐는데, 그냥 관점 같은 거. 시댁이랑 저랑 서로 관점이 다르다 보니깐, 그게 갈등이 많이 생긴 것 같아요.

중국 분들은 남편들이 많이 도와주는데, 그거는 제가 조선족이니깐 우리 집에서도 한국처럼, 그렇게 생활을 했거든요. 우리 아버지는 그나마 잘 도와주시는데, 우리 큰집에 가면 큰 아버지가…. 이렇게 주방에 밥이랑 이렇게 다 해 놓잖아요. 그런데 있어도 안 차려 드세요. 꼭 밥상을 차려 드려야 드시지 아니면 안 드세요. 그런 걸 보고 자라서 그건 그나마 좀 적응을 하는 것 같아요. 그래도 조금씩은 시켜요. '자기야! 이거 해주라', '설거지 좀 해주라', '밥이나 좀 앉혀주라', 이렇게 가끔 시켜요.

지금 살고 있는 곳 주민들은 그냥 얼굴만 아는 정도. 막 왕래는 안 하는데 앞집에 할머니랑 먹는 거 … 맛있는 거 하면 좀 갖다 드리고 해요. 할머니도 일 하고 오시면 놈삐(무의 제주도 방언), 무 같은 거 갖다 주고 그래요.

딸을 키우는 데는 어려운 건 없었어요. 남편은 잘 이해해 주는 편이예요. 여기에서(구술자가 일하는 시민단체) 한밤중에 일 터지고 하잖아요. 지난 번엔 가정폭력 같은 거 해가지고 ○○병원에 밤 12시 넘어서 가봐야 했었는데, 그때 '그런 거는 가봐라' 가봐라 해요. '안 가면 어떡 하냐? 얼른 가봐라' 해요.

한국남자와 결혼을 해서 한국으로 오는 결정을 할 때는 아무 생각이 없었어요. 그냥 혼기가 되니깐 소개는 많이 들어왔죠. 그런데 들어오는 소개마다 엄마 아버지가 돈 많다, 이런 거만 들어오더라 구요. 그런데 엄마, 아버지가 돈 많으면 뭐해? 사람이 문제지. 그런데 친구엄마가 전화 와서 '사람이 좋으니깐 만나봐라' 그래서 만나 본 거예요. 그런데 엄마 반대가 좀 심했어요. 엄마가 내가 한국 오는 거 싫어했어요.

그런데 이제 우리 엄마는 돈 벌러 온 거니깐, 제가 결혼하는 건 또 다르잖아요. 그런데 남편을 저희 친척들이 만나보고 다 마음에 들어 했어요.

저도 처음에는 괄시당하는 그런 말 들었죠. 촌에서 이렇게 지나 가면 '얼마나 버티나 보자.' 동네 사람들이요. '도망 안 가면 다행 이다', 이런 소리 많이 들었어요. 대 놓고 나쁜 말은 안 하지만 지 나다 보면 말소리가 들리잖아요. 지나가면 속닥속닥거리는 거 있 잖아요. '저기 누구네 집인데, 중국에서 데리고 왔다.' 막 속닥속닥 거리잖아요. 이런 것들도 느끼고 … 심지어 어떤 할아버지는 아예 중국사람이라면서 대 놓고 괄시하는 사람들도 있었어요.

중국에서는 촌 같은 경우에는 여자들이 … 중국 여자들이 드세다고 해야 하나? 어디를 보면 여자들이 막 큰일이 아니면 여자들이 다 하고 살아요. 시(市) 같은 경우에는 대체적으로 다 맞벌이 부부죠. 그러면 누가 먼저 퇴근하면 그 사람이 밥 하고 그러는 거죠. 여자 남자 없이. 남자들이 설거지, 빨래 다하고, 애기도 보고 해요. 한국은 그런 게 없잖아요? 그런 걸 보면 아직도 한국 여자들의 지위가 많이 낮은 것 같아요. 주부들도 거의 다 대학을 나왔더라구요. 대학 나온 사람들이 그걸 집에서 그냥 썩히고 있는 거 솔직히 그거 이해가 안 돼요. 물론 애 키우는 것도 중요하지만 내가 먼저 있어야 애도 있는 거 같은데. 내가 행복해야 애도 행복할 것 같은데. 그런 것 보면 어떻게 보면 대단한 것 같아요. 어떻게 보면 아쉽기도 하고요.

시댁 식구들과 농사 부분에 대해서 갈등이 있었어요. … 아무래도 있겠죠. 중국에서는 이래이래 했는데, 한국에서는 '이렇다.' 그런 말을 아주버님한테 많이 들었죠. 그리고 엄마, 아버지가 처음 왔을 때 비행기 많이 타고 왔으면 다들 수고했다고 하잖아요. 그런데 그런 말들이 하나도 없었거든요. 그건 중국에서 오고하니깐 예의도 없을 것 같고 깔본다고 해야 하나? 아주버님, 형님은 어떻게 생각하실지 모르겠지만 내가 느낀 점인데, 그러니깐 사돈이 왔는데도 그런 말 한마디 없지, 그리고 제일 처음 하는 말이 '한 집안에 여자가 잘 들어와야…' 대뜸 하는 말이예요. 그런데 저희 엄마가 학교는 많이 안 나왔어도 사람도리는 그렇게 잘 지키고 살고, 다른 사람들이 싫은 말하면 못 듣거든요. 그래서 우리 딸이 무슨 잘못을 했는지 따져보자고 하니깐, 근데 내가 잘못한 거 없으니깐 따질 것 없다고 해서 수그러들고. 그리고 내 결혼식 때 … 지금 내 친척들이 다 서울에 있거든요. 제 결혼식 때 고모, 고모부, 숙모, 언니 다 왔어요. 고모 둘에, 숙모 둘에, 언니랑 해서 다 왔어요. 고모부까지 해서. 처음에 그렇게 와가지고 결혼식 할 때 그렇게 친척 오는 사람 거의 없어요. 그때 고모가 하는 말이 '친정에 사람 있는 줄 알아야 한다.'고….

바람과 꿈

대부분 여자들이 오면 아무래도 내국인하고 대우가 다르잖아요. 한국에 와서 살고 싶으면 한국인이 되고 싶은데, 저 같은 경우에는 주변에서 다 잘 해주고 하니깐 국적 신청하는 데 아무런 문제가 없었죠.

지금 국적 취득했어요. 그런데 이제 여기서 일을 하다 보니깐 알게 된 거예요. 남편의 동의가 없으면 국적 신청이 안 된다는 거. 좀 힘들어요. 국적신청을 하는 게. 지금은 많이 편해졌지만, 그래도 그 제도는 바꿨으면 좋겠어요. 일단 오면 한국국적은 안 주더라도 영주권이라도 줬으면 좋겠어요. 2년 후에 영주권 같은 경우에는 남편 동의 없이도 신청을 할 수 있었으면 좋겠어요.

나는 (시민단체에) 아홉시 반에 출근해서, 원래 근무는 3시까진데 하다보면 5시에 가요. 아직까지는 별 생각 없어요. 아직까지는 앞에 주어진 일에만 최선을 다하는 거죠.

개인적으로 앞으로 하고 싶은 건 있죠. 중국어 통역을 하고 싶어요. 그래서 지금 방통대 다니고 있는데, 그거 졸업하면 통역대학원에 들어가려구요. 지금 그걸 목표로 두고 공부를 하고 있어요.

중국어는 되기 때문에 학사 학위만 있으면 대학원에 갈 수 있기 때문에 그래서 지금 학사 학위 때문에 방통대에 다니는 거예요. 지금 3학년이예요.

남편하고 시댁 식구들한테 바라는 점은 없어요. 지금 좋아요. 시댁 식구는 … 남편 형제가 6형제예요. 막내예요. 형님이 세 명에, 누님이 둘. 지금은 출근한다고 하니깐 제사 같은 것도 저녁에만 가노 뭐라 하시지 잃으시고. 옛날 같지 않아요. 지금 형님은 좋아요. 큰 형님이랑 나이 차이가 많아서 엄마뻘이죠.

결혼이민자들의 현실

결혼이민자들을 위해 제주도당국이나 정부가 그들이 자립하는 데 많은 도움을 줬으면 좋겠어요. 그리고 오면 많이 외롭잖아요. 아무래도. 외로운데 일을 못나가요. 베트남여성 같은 경우에는 일을 나가려고 해도 말을 못하니깐, 식당 같은 데도 가지를 못하는 거예요. 자립하는 데 많이 도와줬음 좋겠어요. 그래서 밖에 나가서 사람들을 만날 수 있게끔 해주면….

법적인 문제를 위해서는 좀 여기에 대사관이 있었으면 좋겠어요. 제주도에 영사관도 없어요. 출장소도 괜찮아요. 서류를 접수하고 기간이 좀 걸리더라도 우리가 직접 서울에 안 가게끔, 왔다갔다 비행기 값만 해도 만만치 않아요. 그리고 대부분 국제결혼 한 남자들, 돈이 별로 없어요. 돈 많으면 한국여자와 결혼을 했지 외국 여자와 결혼할 필요가 없잖아요. 장애인 아닌 이상. 그 경제적 부담까지 다 감수해가면서 국적 때문에 왔다갔다 하는 게 힘들어요.

국적은 2년 있다가 취득했어요. 2년 있으면 신청할 수 있는 자격이 돼요. 그런데 심사가 오래 걸려요. 지금 심사를 하는 게 2005년도 걸 심사하고 있는데. 그래서 지금 신청을 하면 4년 걸린다고 생각을 하면 되죠. 법무부에 사람이 없는 거예요. 서류 심사할 사람이 없대요. 결혼이민자 네트워크 사이트 같은 데 들어가 보면 지금은 몇 월부터 몇 월까지 걸 심사한다고 나와요. 그거 보면 깜짝 놀래요. 아직도 2005년도 서류를 심사하고 있으면 어떡해요? 2007년도 다 돼 가는데….

주변에 보면 힘들게 사는 결혼이민자들이 있어요. 밖에 나가는 걸 마음대로 못하고. 나가게는 하는데 다녀오면 막 뭐라고 하고. 어떤 분은 혼자 벌어서 살아가는 분도 있고. 남편이 아예 돈을 안 갖다 주니깐…. 또 어떤 분은 돈은 주는데 조금밖에 안 주면서 가계부

꼭꼭 써야 되고. 5만 원 줘서 뭘 사고 왔는데 잔돈이 틀리면 그때는 난리가 나는 거죠.

가정폭력도 일어났어요. 가정폭력이라는 것이 국제결혼이어서 더 많기는 하겠지만 아무래도 그건 사람의 인격 문제도 있는 것 같아요. 한국 남편 자신의 인격 문제도 있어요. 서로 잘 모르고, 말 잘 못 알아들어서 짜증나니깐 때리고 그러는 것도 있겠죠. 이해를 못 하니깐 서로 간에.

필리핀에서 온 여성결혼이민자

마리사
멀린
네오날린
리아

마리사

· 필리핀 리띠(Leyte) 출생, 미닐리(Manila), 세부(Cebu), 민다나오(Mindanao) 등에 거주
· 35세
· 필리핀에서 고등학교 중퇴 후 가게에서 장사
· 1997년 통일교를 통해 남편을 만나 결혼
· 종교는 가톨릭이며 성당에 다니고 있음
· 환경미화원인 남편(35세)과 아들 2명(11세, 3세)과 서귀포시에 거주
· 의사소통과 음식 적응에서 많이 힘들었으며 1997년 당시 결혼 이주한 필리핀 여성이 혼자여서 힘들었음
· 서귀포시 필리핀 결혼이민자 모임에서 중심적 역할을 하고 있고, 현재 생활에 만족
· 2004년 국적 취득

출생과 가정형편, '선택'으로서 국제결혼

지금 … 35살이요. 73년생이니깐. 서귀포시 ○○동에 살아요.
필리핀에서 고향은 원래 리띠예요. 그런데 여기저기 많이 왔다갔다 했어요. 리띠에서 마닐라도 가고, 세부도 가고, 마지막은 민다나오요. 한국에 오기 전에 마지막으로 있던 곳이 민다나오예요.

필리핀에서는 가족이 형제는 … 저는 7번째예요. 남동생도 있어서 8명이예요. 부모님까지 해서 10식구예요. 모두 필리핀에 있구요. 제가 7살 때 우리 아버지 돌아가셨어요. 어머니가 고생 많이 하셨어요.

종교는 가톨릭이예요. 여기서 서귀포성당도 다니고, 아니면 일요일에 제주시에 중앙성당에 영어미사 가요. 여기서 한국어 미사 가고도 싶은데, 친구들이 아직 한국말을 잘 못해서 저쪽으로 많이 가요.

학교는 고등학교 1학년까지 다니다가 그만뒀어요. 한국에 1997년에 왔거든요. 11년 됐으니깐, 24살, 한국나이로. 24살까지 필리핀에서 가게에서 장사도 하고. 가정부도 하고 그랬어요.

한국에 오기 전에 겪은 일 중에 가장 힘들었던 때는 어머니가 혈압으로 갑자기 쓰러지셨어요. 근데 우리 아버지 일찍 돌아가셨잖아요. 엄마만 혼자 고생을 많이 해가지고 … 그래서 그때부터 결정을 했어요. 다른 나라로 국제결혼을 할 수 있으면 결혼을 해야겠다고.

통일교를 통한 국제결혼으로 한국에 오다

여기 올 때는 교회에서 소개한 거예요. 통일교요. (통일교에서는) 처음에 처녀들을 모이게 해요. 교회처럼 사무실이 있잖아요. 거기로 오라고 해요. 사진 먼저 주고 그렇게 해요.

통일교에서 결혼하면 교회에서 많은 사람들이 축복받는다고 그랬어요. 주변에 통일교를 통해서 온 친구가 몇 명 있어요. 다른 사람들은 그거 소개하는 회사를 통해서 왔어요. 필리핀에서 그렇게 한국으로 오려고 하는 사람이 많아요.

현지에도 그런 결혼정보회사가 있을 거예요. 그렇게 소개로 오는 사람들은 비용 같은 거를 남편들이 다 부담해요. 나도 통일교 쪽에서 다 부담이 돼서 온 거고…. 통일교로 와서 처음에는 통일교를 믿으라고 했는데, 이제는 별로….

남편은 1966년생이니깐 42살이예요. 환경미화원이예요.
통일교를 통해 한국에 오기 전에 … 그러니깐 … 홍콩이나 다른 나라 가는 거 생각했었는데, 그때 통일교에서 오라고 해서 신청했는데, 나중에 축복받은 사람이라고 남편 사진을 보여줬어요. 그런데 남편 사진 보니깐 괜찮은 것 같아서 결정했어요.
필리핀에서 통일교를 통해서 결혼을 하면 집에 용돈 정도 줘요.

한국에 오기 전에 한국에 대하여 전혀 몰랐어요. 그냥 다른 나라에 가고 싶었어요. 필리핀에서 다른 데로 도망가고 싶었어요.(하하…) 필리핀에서 결혼을 결정하고 여기 오기까지는 교회에서 축복받은 다음에 1년 넘게 기다렸어요. 그때 계속 통화하고 했어요. 그때는 어려웠어요. 1년 동안 한국에 통화할 때는 직접하는 게 아니고, 중간에 통역해주는 사람이 있었어요.

나도 두 사람 결혼 소개시켜주었어요. 이제는 아는 사람들이 저한테 아는 친구 있으면 소개해달라고 해요. 사진 보여 달라고 그래요.(히히…)

'차이' 인정, 시댁과의 원만한 관계와 평탄한 결혼생활

한국에 처음 왔을 때는 그냥 남편을 좋은 사람이라고 그렇게 생각했었어요. 지금 가족은 남편이랑 아들 둘이에요. 큰 아들은 4학년, 11살. 막내는 이제 31개월. 막내는 어린이집에 다녀요. 지금 저는 병원 ○○클리닉 건물 청소해요.

처음 왔을 때, 아주버님이나 형님들이나 시누이가 다 잘해줬어요. 처음에 와서 임신을 하고 ○○동에서 계속 일했어요. 일하다가 애기 낳고, 애기 낳을 때는 아줌마 구해서 15일 동안. 그래서 다시 일하고. 그냥 집에만 있으니깐, 양식장에서 같이 다 같이 살았어요.

국적은 2004년인가, 한국에 온 지 7년 만에 취득했어요. 2004년에 국적 취득하는데 신청하고 1년 기다렸어요.

맨처음 왔을 때는 한국어교육 프로그램 이외에는 없었어요. 한국어 수업만 받았고, 요즘은 여러 가지 많이 있으니깐 그걸 해요. 제일 좋은 수업은 저번에 육아교육 받았는데 좋았어요.

제주도에서의 생활이 원래 필리핀에서 살던 거랑 많이 달라요. 처음 왔을 때는 음식도 잘 안 맞구요. 매운 것도 안 먹었으니깐. 이젠 매운 거 잘 먹어요.(하하…) 특히 제주도 사투리는 너무 어려우니깐 배우고 싶지 않아요.(하하…) 그냥 할머니들 말할 때 그냥 알아들어요.

우리 시어머니는 일찍 돌아가셨어요. 우리 신랑 12살엔가 … (돌아가셨데요) 시아버지는 재작년에 돌아가셨어요. 남편 형제는 우리 신랑이 막내고, 위에 3명 있어요. 다들 사이좋아요. 언니처럼. 형님 두 분. 애들 고모 한 분이요.

생활하는 데는 열심히 하니깐 괜찮아요.
한국에 11년 넘게 살았어도 한국말 아직도 어려워요. 처음 왔을 때 여기 친구 아무도 없었거든요. 처음에 왔을 때 여기서 필리핀 사람 나 혼자였어요. 저희 남편하고 애기할 때 그냥 사전을 보고 하고 그랬어요. 손하고 발하고…. 그때 한국어 교육은 3년 있다가 배웠어요. 외국인 센터에서.

지금 사는 ○○동에 이사 온 지는 1년 됐어요. 처음에는 ○○동에서 살았어요. 처음 왔을 때 우리 남편이 거기 양식장에서 일했어요. 저도 주방에서 일하고.

우리 필리핀에서는 하고 싶으면 해요. 만약에 남자가 애기 다 봐주고 해요. 여기서는 어린이집 있으니깐 맡겨가지고 일도 하고 하지만 필리핀은 일자리가 많이 없어요. 만약에 있으면 6개월씩 돌아가면서 일하고 해요. 필리핀 여성들은 결혼을 하면 일자리가 별로 없어서 맞벌이를 못하고 그냥 집에만 있거나 아니면 농장 있으면 거기서 일을 해요.

필리핀에서는 아이 키울 때 조금 달라요. 거기서는 엄마 말 잘 따르고 하는데, 여기는 그렇지 않아요. 하하….

처음 한국에 왔을 때 한국말 아직 못 알아들었으니깐 상관없어요.(하하…) 처음에는 어디서 왔냐고, 혹시 외계인 아니냐? 어디서 날아 왔냐? (하하…) 이러면서 신기하게 봤어요.
처음 왔을 때, 나한테 무슨 말하면 못 알아들으니깐 상관없었어요. 그냥 조금 웃으면서….

제주에서의 생활, 바람과 꿈

제주도에 사니깐 좋아요. 사람들도 좋고. 공기도 좋고, 여기 제주도는 서울보다 좋아요. 우리 고향처럼 조용하고, 깨끗하고. 제주시는 별로.(하하…)

한국에 온 다음에 필리핀 많이 다녀왔어요. 2000년도 갔다 왔어요. 2002년도 갔다 왔어요. 2004년도 갔다 왔어요. 2005년도 갔다 왔어요. 남편이 개인적으로 비용 들여서 보내준 거예요. 아니 두 번째는 제가 소개시켜 준 사람 있거든요. 그래서 같이 다녀왔어요.

우리 아들 학교 다니는데, 엄마 한국말 잘 못하니깐 어려웠죠. 아들한테 미안하죠. 자녀 키울 때도 그렇게 힘든 건 없어요. 내가 아들한테 영어 가르쳐줘요. 우리 막내는 하나씩 하나씩 말해요.

하루일과는 새벽에 나가요. 12시에도 나가고. 저는 새벽에 건물 청소 아르바이트 해요. 가기 전에 큰아들 밥 챙겨 놓고 나가요. 둘째는 8시 40분에 어린이집 보내니깐 아르바이트 다녀와서 보내요. 6시에 출근해서 8시에 왔다가, 9시 반에 다시 출근해요.

제주도에서의 생활을 복지관에서 많이 도와줘요.
필리핀 사람들은 친한 사람들은 매일매일 만나요. 제가 바빠서 복지관에 안 나오면 우리 집에도 오고 그래요. 선생님이 나한테 부탁을 하면 필리핀 사람들 다 불러서 모이고 해요.

주변에 친구들 중에는 한국에 와서 힘들게 사는 사람들이 많아요. 부부싸움도 하고, 폭력도 있구요. 처음 왔을 때 대화 안 되잖아요. 그래서 답답해서 때리고 그래요. 그리고 돈 문제도 있어요. 필리핀에 돈 보내고 싶은데 남편이 용돈도 조금만 주고 하니깐 좀 그렇죠. 이런 사람 몇 명 있어요. 다들 잘 지내는데 몇 명만. 또 몇 명은 이혼도 하고 가출도 하고 해요. 어떤 사람은 이혼하려고 지금 여자는 서울에 있어요. 아직 국적도 필리핀이어서 불법체류가 되죠. 어떤 사람들은 3개월 지나서 비자 때문에 필리핀 갔다가 그냥 오지 않았어요. 설명하려면 너무 길어서…. 남자만 문제 있는 것도 아니고 여자도 문제가 있죠. 양쪽 말 들어보면 그래요.

앞으로의 계획은 아직까지는 없어요. 지금이 좋아요. 우리 신랑 건강했으면 좋겠어요. 다른 건 다 잘 해줘요. 우리 아들은 공부 잘 했으면 좋겠어요. 건강하고.

앞으로 이민자들이 많이 오잖아요. 와서 열심히 문화를 빨리 알 수 있도록 해 줬으면 좋겠어요. 교육도 받고. 한국말 진짜 어렵지만 그건 열심히 하면 적응할 수 있잖아요. 처음에 대화가 안 돼도 서로 답답해도 여자도 열심히 하고, 남자도 열심히 하구요. 앞으로 이렇게 교육 같은 게 많아졌으면 좋겠어요.

저도 처음에 왔을 때 국적 빨리 할 수 있을지 걱정 많이 했거든요. 여기서 국적 빨리 바꿀 수 있으면 '또 가버리면 어떡하나', 그런 문제도 있는 것 같아요.

멀린

- 필리핀 민다나오(Mindanao) 일리건시 출생
- 25세
- 필리핀에서 고교 졸업 후 보건소에서 간호보조원으로 근무
- 2007년 4월 결혼중개업체를 통해 남편 만나 결혼, 결혼비용은 남편 측에서 지불
- 동사무소에 근무하는 남편(37세)과 서귀포시에 거주

필리핀의 가족과 일

스물다섯 살이에요.
필리핀 민다오 일리건시에서 왔어요. 마닐라(Manila)와 세부(Cebu)에서 살기도 했어요.
가톨릭신자예요. 필리핀에 있었을 때 가족은 6남매에 부모님까지 해서 8명이요. 6명 중에 다섯 번째예요.
고등학교 졸업하고 컴퓨터 6개월 동안 배웠어요. 고등학교 졸업하고 한국 같으면 보건소 같은 데서 간호를 도와주는 일을 했어요.
한국에는 2007년 4월에 왔어요.

'선택' 으로서 한국인 남성과의 결혼

그냥 한국 사람하고 결혼하고 싶었어요.
필리핀에 있는 친구 중에 … 주변 친구들도 이런 친구들이 많기는 한데, 한국 사람이 아니고 다른 외국 사람하고요.

한국에 오기 전에 한국에 대해서 TV에서 제주 한라산 봤어요. 필리핀에서 방송이 나와요.

결혼정보회사를 통해서 결혼했어요. 남편은 비디오를 통해서 만났어요. 결혼 비용은 다 남편이 내고요. 우리 집에도 얼마 줬어요. 그것은 비밀인데요.(하하…)

이제 시작하는 결혼생활

지금 남편하고만 살아요. 시부모님은 제주도 집처럼 된 데서 살아요. 안커래·밖커래 같은 식으로….

남편은 37세예요. 열두 살 차이예요. 직업은 동사무소 공무원이에요.

남편 식구들 좋아요.

복지관에 있는 프로그램은 다 배워요.

동네 사람들이 내가 외국 사람이기 때문에 별로 그런 건 없어요. 그냥 할머니들이 '어느 나라에서 왔냐?' 고만 물어봐요. 서귀포에 있는 필리핀 여성들 모임에 같이 가고 그래요.

음식은 처음에 왔을 때 힘들었지만 지금은 괜찮아요. 한국음식 중에 삼계탕, 해산물 같은 거 좋아요.

처음 왔을 때 음식하고 한국말이 가장 힘들어요. 그 외에 필리핀은 여름만 있는데, 여기 오면 추워요.

남편하고는 영어로 대화해요. 남편이 영어 할 줄 알아요.

바람과 꿈

제주도에서 온 지 별로 안 돼서…. 아직은 한국말 배우고 있으니깐. 필리핀이 아직은 그립지는 않아요.

네오날린

- 필리핀 바기오시(Baguio) 출생
- 26세
- 필리핀에서 대학 2년 중퇴
- 결혼중개업체를 통해 남편을 만난 지 3일 후 2005년 3월 마닐라에서 결혼해 6월 제주로 옴
- 개인택시기사인 남편(47세)과 전처소생 아들(22)과 서귀포시에 거주
- 서귀포시 소재 어린이집에서 영어강사를 했고, 대학의 관련 학과를 입학해 교원자격증 취득 후 영어교사가 되는 꿈을 갖고 있음

출생과 가족

나이는 스물여섯 살이요. 지금 서귀포시 ○○동에 살아요. 필리핀 바기오시에서 왔어요. 2년 전 2005년 6월에 제주에 왔어요. 성당에 다녀요.

필리핀에 있는 가족은 부모님, 남동생 3명, 언니 1명이요. 필리핀에서 학교는 대학교 2학년까지 다니다가 그만 다녔어요. 한국에 결혼하러 오기 전에 일 안 해봤어요.

결혼정보업체를 통해 만나 3일 만에 결혼

남편은 마흔 일곱이예요. 남편은 개인택시 해요. 남편은 결혼정보회사의 소개로 만났어요.
결혼에 대한 지불은 남편이 했어요. 그때 결혼했을 때 마닐라에서 해서 고향에 가보지는 못했어요. 아는 사람이 친구가 있다고 해서 결혼하고 싶으면 결혼회사가 있으니깐 소개시켜 준다고 했어요.
결혼정보회사에서 한국남자랑 결혼하면 나중에 한국에 가서 일하고 싶으면 일 할 수 있다고 그렇게 이야기했어요.

마닐라에서 결혼을 했어요. 2005년 3월에 결혼을 해서 6월에 한국으로 왔어요. 남편을 3월에 만나서 3일 만에 결혼을 했고 남편은 먼저 한국으로 갔고 나는 6월에 한국에 왔어요. 남편을 3일, 세 번 보고 결혼했어요. 결혼정보회사로 하면 빨리 할 수 있어요.

한국 오기 전에 한국에 대해서 많이 몰랐어요. 결혼한다고 하니깐 그때 안 거예요.

결혼생활과 시댁식구

지금 집에는 우리 남편 막둥이와 함께 살아요. 우리 남편 아들이요. 한 명. 아들은 지금 스물두 살이예요. 아들은 ○○○에서 일을 해요.

지금 남편 아들과는 그냥 만나면 이렇게 '인사하는 흉내' 인사만 해요. (나를) 부르지 않고 인사만 해요.

아직 국적은 필리핀이죠.

남편의 동생은 제주시 ○○에 살아요. 시어머니는 저기 서귀포 ○○로터리에 살아요. 가족들과의 관계는 괜찮아요. 시어머니와 문제는 없어요.

동네 사람들을 그냥 길에서 만나면, 어디서 왔냐고? 필리핀 사람이냐고? 그렇게 물어봐요.

아직 임신은 안 했어요. 남편이 집안일은 도와줘요. 복지관에서 수업 받고 오석학교도 다녀요. 오석학교에서는 한글을 배워요. 거기는 한국사람, 할머니들하고 같이 배워요.

제주도에 오니깐 좋아요. 바람? (하하…) 여기 사람들이 친절해요.

의사소통 문제, 경험, 그리고 적응하기

한국에 와서 힘들었던 점은 한국말이요. 하고 싶은 말을 잘 못해서 … 지금 남편과는 그냥 손짓, 발짓 … 오케이? 노우? (하하…) 남편, 영어 조금은 해요. 음식은 괜찮아요.

결혼한 후 필리핀에 한 번 다녀왔어요.

국적은 남편이 출입국관리사무소에 상담을 했어요.

여기 와서 3개월 있다가, 한국말 잘 못했는데 ○○식당에서 일을 했어요. 한국말도 잘 못하고 정말 눈물까지 났어요.
거기서 한국말도 못하고 하니깐 … 아줌마들이 답답해서 막 짜증 내고 했어요. 혹시 욕하는 거 아닌가 하고 생각했어요.
집에만 있으면 너무 심심하니깐요. 그런데 한국말 그때 많이 배웠어요.

바람과 꿈

전에 어린이집에서 영어교사 했었어요. 이제 그만뒀어요.

이제 대학교 다닐 거예요. ○○대학교 공부하려고 다닐 거예요. 내년 3월부터 다녀요. ○○대학교 영어영문학과. 서류와 졸업증명서 같은 걸 냈어요. 그래서 합격했구요. 여기 대학교를 졸업해서 나중에 자격증이 있으면, 나중에 영어강사를 할 수 있잖아요. 저번에 어린이집에 다닐 때는 자격증이 없어서….

영문학과 졸업을 하면 오석학교 있잖아요. 그런 기관에서 봉사를 하고 싶어요. 자원봉사로 가르쳐 주는 선생님도 하고 싶어요.

남편이나 시댁식구들한테 바라는 것은 나중에 대학을 졸업하면 애기를 가지려고요. 이해해주었으면….

리아

- 가명
- 필리핀 네그로스(Negros)섬 출생
- 27세
- 필리핀에서 고교 졸업 후 바로 결혼
- 한국인 남성과 결혼한 이모부부와 함께 필리핀으로 여행 온 남편을 만나 1999년 9월 4일 결혼, 그해 10월 한국에 들어와 ○○시에서 생활하다가 3년 전 제주로 이사
- 고물처리업을 하는 남편(37세)과 결혼, 남편은 재혼, 현재 남편과 결혼해 낳은 자녀(아들 7세, 딸 5세)와 제주시에 거주
- 가정폭력으로 제주시의 쉼터에 머무르고 있고, 남편과 이혼하고 자녀와 살고 싶지만 남편이 자녀를 못 만나게 함
- 국적 취득

가정형편

스물일곱. 1981년생이에요. 필리핀 네그로스 섬에서 왔어요.
지금은 제주시 ○○에 살아요. 필리핀에서 처음에는 종교가 가톨릭 … 5~6세부터는 침례교회를 다녔어요. 필리핀에 가족은 엄마, 아빠, 오빠, 남동생 3명이 있어요.

학교는 고등학교 졸업했어요. 한국에는 1999년 10월 26일에 왔어요. 고등학교 졸업하고 결혼 바로 했어요. 19살. 결혼식은 9월 4일에 했어요. 학교 졸업하자마자 결혼해서 일 다녀본 적이 없어요.

만남과 국제결혼까지

결혼은 우리 이모가 필리핀에 왔을 때 하게 되었어요. 우리 엄마의 사촌인데, 이모가 한국 분과 결혼했어요. 이모도 ○○에 있어요. 이모는 그냥 남자 사진보고 그렇게 남자 좋아보여서 결혼을 했어요. 통일교를 통해서. 이모는 우리 남편하고 한동네 살았어요. 그래서 우리 이모 필리핀에 가족끼리 왔을 때 우리 남편도 관광하러 같이 왔어요. 그래서 그때 만나서 얘기하고, 전화번호 얘기하고, 그 다음에 한국에 와서는 펜팔 했어요. 8개월 동안 전화도 하고 펜팔도 했어요. 그 다음 한 번 더 만나서, 그 다음에 서류 … 결혼 서류 가지러 왔어요. 남편은 1998년도 내가 고등학교 다닐 때 만났어요. 1998년 12월쯤에.

남편과 8개월 동안 펜팔을 하는 동안에도, 여기 오기 전에 한국은 잘 몰랐어요. 한국 사람이랑 결혼하려고 해도 한국에 대해서는 잘 몰랐어요. 그냥 중국이랑 일본에 대해서는 들어봤는데, 한국을 잘 몰랐어요. 그때는 그냥 책 보고, 한국 문화에 대해서 보고, 한국말도 조금 배워서 한국에 왔어요.

가부장적인 남편, 힘든 결혼생활

남편과 나이 차이는 10년 차이, 서른일곱이에요. 지금은 고물, 쓰레기 처리, 고물장수 일을 해요. 남편이랑 애들이랑 살아요. 애들은 아들과 딸이에요. 첫째는 7살이고 유치원에 다녀요. 둘째는 다섯 살이에요.

시어머니는 ○○○에 살아요. 남편은 제주도 사람이 아니고 2003년 9월에 왔어요. 남편의 다른 식구들은 ○○에 있고 시누이는 여기 제주 ○○에 살아요. 남편 여동생. 처음에 결혼해서 ○○에서 3년 살다가 여기 왔어요.

저도 원래는 잘 살아 보려고 결혼을 했는데, 전에는 애기가 없을 때는 옳은 생각을 갖고 있고, 목소리 스타일도 말할 때도 그랬었는데, 애기 있어보니깐 성격이 좀 철딱서니가 없더라구요. 애기아빠가.

○○○○에서 우리 애기아빠가 엿장수 했었어요. 재밌는 직업이라고 해서 애기 없을 때는 일하는 데 따라갔어요. 2년 후에 애기 낳았어요. 그때 2년 후에 애기 낳자고 해서. 엿 자르는 것도, 가위 딱딱 소리 내는 것도 배웠어요. 그 다음에 애기가 생기고 나니깐 애기아빠가 성격이 달라졌어요. 우리는 그때 ○○에 살았어요. 둘이만. 그리고 우리 엿장수 했고. ○○에, 아파트에 살았어요.

그런데 애기아빠가 갑자기 머리 깎고 절로 들어간다고….
그런데 나는 다음 달에 애기 날 거였어요. 그때 나랑 헤어지고 싶은 것 같았어요. 그래서 '내가 지금 애기 임신도 했는데 그냥 여기서 살면 안 될까?' 라고 그렇게 말했어요.

그때부터 절 같이 갔어요. 집 팔아서 절로 들어갔어요. 태고종이라고 결혼해서도 절로 들어갈 수 있어요. 그때 60만 원 주고 애기

아빠가 불교대학 들어갔어요. 몇 개월 절에 있다가 난 시댁으로 혼자 들여보냈어요. 애기 낳고 병원에 있은 다음에, 그 다음에 필리핀에 갔어요. 필리핀에 갔다 와 보니깐 애기 아빠가 한 달 만에 나와 버렸어요. 절에서⋯.

시아버지는 4개월 후에 돌아가시고, 재산 때문에 아주버님네랑 싸웠어요. 애기 아빠가 아버지 돌아가셨는데 내 재산은 어떻게 될 거냐 했어요. 그 다음에 제주도로 이사 왔어요. '이사 가겠다.' 그러더라구. 난 그때 둘째 임신하고 있었어요. 제주도 이사 온 지 일주일 만에 애기 낳았어요.

그때는 집이 없어요. 돈도 없어요. 애기 아빠는 100만 원밖에 돈이 없었어요. 시어머니가 시아버지 돌아가신 다음에 농사지을 사람이 없기 때문에 작은 아들(남편)이 했으면 했어요. 그런데 애기아빠가 싫다고 했어요. 그래서 시어머니가 소 팔아서 2천만 원 빌려줬어요, 애기아빠한테. 그 다음에 여기서 1년 동안 고물장사 하면서 갚았어요. 그리고 여기 제주시 ○○동 원룸에 살았어요. 그 다음에 ○○으로 이사 갔어요. 그리고 친정어머니를 초청했어요. 애기도 보게 하고 그러려구. 지금은 친정엄마는 한국에 1년까지 있을 수 있어요.

애기아빠는 생활비를 자기가 알아서 다 관리해요. 그래서 내가 '용돈 좀 주면 안 되냐?'고 하니깐, 대화가 안 되고. 그렇게 자꾸 싸워요. 이번에 싸운 거는 ⋯ 일 따라 가면서 밥 먹으러 가는 길에, 자기가 먼저 식당에 들어갔어요. 저는 식당에 어디 들어갔는지 몰랐어요. 그래서 싸웠어요. '왜 이렇게 같이 안 들어갔냐?' 하면서⋯. ○○동사무소 어디에 있냐고 물어 봤어서 나는 동사무소 간 줄 알았어요. 그런데 동사무소는 멀어요. 차 세웠는데. 그런데 맞은 편 식당이 처음에는 안 보이고, 애들 데리고 '아빠는 어디 갔냐?' 하면서 한 바퀴 돌아보니깐 그때 보였어요. 그런데 남편이 밥 다 먹고 나오는 거예요. 혼자서요. 그래서 나한테 '어디 갔냐?'고 하는 거예요. '얼른 들어가서 치우기 전에 밥 먹고 나오라'고 했어요. 그런데 나는 밥 안 먹고 차에 같이 앉았어요. 그런데 내가 차 열쇠를

뺏었어요. 애기아빠는 열쇠 빨리 주라고, '일하러 가야 한다.' 고 하더라구요. 나는 '열쇠 줄 테니깐 먼저 나한테 왜 이러는지 얘기를 해 달라.'고, '왜 밥 먹을 때 혼자만 가냐?'고. 그런데 남편은 '바쁘다 열쇠 빨리 주라.' 고 했어요. 그때 의자 뒤에 있는 쇠파이프 있어요. 얼굴이 그냥 화나가지고 그걸로 날 두드려 패려고 하는 거예요. 그래서 차에서 내려서 막 달려 도망갔어요. 애기아빠는 나를 잡으려고 달려왔어요. 그 다음에 애기 있는 데로 가서 5분 생각을 해보니깐 '열쇠 다시 돌려줘야 되겠다.' 는 생각 들었어요. 왜냐면 이렇게 싸울 필요가 없다고 생각을 했어요.

불신, 국제결혼에 대한 후회, 남편의 폭력, 이혼?

언제 한번은 차에서 나와서 반대편으로 와서 나를 때리더라구요. 팔, 다리, 머리까지. 머리까지 다 이렇게 했어요. 나는 길거린데, 사람이 지나갈 수도 있고. 왜 나를 이렇게 두들겨 패냐고…. 왜 이렇게 나쁜 놈인지 모르겠어요. 내가 그렇게 얘기를 하면 나한테 필리핀에 가버리라고 해요.

그렇게 몇 번이나 싸웠어요. 마지막으로 싸운 거는 '(내가) 일 도와주면 나 5만 원 줄 수 있냐?'고 … 용돈 쓰려고. 그런데 돈 안 줘서 다음날 '일 안 나간다.' 고 하니깐 또 때리고 갔어요. 애들 어린이집에 데리러 가는 길에, 차에서 둘이 싸웠어요. 그런데 그때 또 차에서 내려서 날 때리잖아요. 그래서 난 차에서 내려서 도망갔어요. 왜냐면 두드려 맞는 게 싫어가지고. 애기아빠가 날 쫓아오면서 막 던지려고 했어요. 그런데 난 피해서 도망 갔어요. 그때 너무 놀라서 애기아빠 얼굴 보면서, 큰 돌이나 작은 돌이나 손에 잡고 … 그거 맞을까봐…. 그 다음에 집에 있었는데 애기아빠가 전화 와서 '너 필리핀 가라, 너 엄마 따라가라.' 이렇게 말했어요. '더 이상 이렇게 살 수가 없다.' 그러면서….

남편이 그전에도 계속 때렸어요. 차 안에서. 그리고 저번에는 제가 필리핀 모임이 있어서 갔어요. 그래서 2시 넘어서 집에 가보니깐 남편이 밥 안 차려 준다고 화났어요. 그리고 자기 ○○에 땅 사둔 거 있다고 같이 가자고 했어요. 그때 ○○에 가면서 애기 둘 데리고 갔어요. 또 차 안에서 싸웠어요. 그래서 난 차에서 두드려 맞고. 난 차에서 못 내렸어요. 애기아빠는 그런 게 제일 무서워요. 차 안에서 몇 번 싸웠어요. 그리고 가는 길에 차를 세웠어요. 저기 삼거리 있는데, 거기에서 또 애기아빠가 날 때렸어요. 그런데 어떤 차가 좌회전으로 갈 건데 둘이 싸우는 걸 봤어요. 난 너무 무서워서 날 데리고 가달라고 그 차를 불렀어요. 그런데 그 차는 차에 자리가 없었기 때문에 그냥 못 탔어요. 그래서 애기아빠하고 그 차 주인하고 애기를 했어요. '왜 그렇게 싸우냐?'고, '폭력 하지 말라.'고. 그 다음에는 또 다른 차 지나갔어요. 그 여자 분들이 나를 데리고 갔어요. 애기 같이 데리고 갔어요. 차에서 필리핀 사람이라고 막 욕하고…. (자신이) 우리 동생들 도와줬다고 막 그랬어요. 그때는 우리 엄마한테 전화했어요. 나쁜 말도 막 쓰고…. '너네 딸은 결혼한 거 후회했다.'고…. 그렇게 영어로 말했어요. 친정어머니, 장모한테 말이에요. 막 나쁜 말도 쓰고. 그때는 도망가서 쉼터로 들어갔어요. 지금까지 쉼터에 있는 거구요. (쉼터에) 며칠 있다가 며칠 친구네 집에 있었어요. 오늘 다시 쉼터로 가요. 필리핀에 애들 데리고 가면 애들 망가진다고.

남편의 형들은 괜찮은데, 누나들이나 동생들은 좀…. 그리고 시어머니는 애기아빠가 절로 들어갔으면 좋겠다고 했어요. 시어머니는 '남편이 한국 사람하고 결혼하기를 원했어요.'라고 말했어요. 그리고 그때는 필리핀 사람인데 너무 어려서 애기아빠가 필리핀에 가서 나랑 결혼한다고 하니깐 맘에 들지 않아 했어요. 시어머니와 애기아빠는 잘 통화해요. 애기아빠가 오늘 돈 얼마 벌어서 기분 좋으면 시어머니한테 연락해주고 그래요. 그리고 우리끼리 있을 때 욕하는 애기도 시어머니한테 다 애기해요. 잘 산다는 좋은 애기는 하지도 않아요.

경제권은 지금 남편이 다 가지고 있어요. (남편으로부터) 돈을 타서 써요. 그 돈도 남편이 잘 안 줘요. 사람들이 '애기 이쁘다.'고 하면서 주는 돈, 5천 원 같은 거는 모을 수 있어요. 그럴 때는 차비나 용돈으로 쓸 수 있어요.

가끔 기분이 좋을 때는 줘요. 같이 일하면 20만 원, 30만 원 벌 수 있어요. 그때는 나한테 만 원밖에 안 줘요. 자기가 돈 다 갖고 있고 돈을 못 만지게 해요. 통장에 저축을 하거나, 아니면 집에 있는 물건 남한테 줘도 나한테 말 안 해요. 그런데 나중에 알아보니깐 다른 사람한테 줬어요.

남편이 처음에 절에 들어간다고 할 때 그냥 자기는 죄 많다고 들어간다고 했어요. 그 다음에 자기 건강도 안 좋고, 밖에서 일 다녀보니깐 힘들다고…. 뭐 이유는 자세히 모르겠어요.

그때는 내가 의심하던 게 있었어요. 우리는 아파트 5층에 살았는데, 같은 아파트에 친구 부인인데 중국 분 있었어요. 6층에 살았어요. 그 친구는 남편하고 같이 엿장수 했어요. 친구가 먼저 아파트에 이사 오고 우리는 나중에 이사를 했어요. 그때는 3천만 원이면 그 집 살 수 있었어요. 애기아빠가 3천만 원 가지고 있어서 이사를 했어요. 친구가 중국 아내를 의심했어요. 머리가 돌아서 … 그 둘은 이혼을 해서 여자는 애기들 놔두고 중국으로 가버렸어요. 그때 애기아빠가 친구가 무섭다고 이사 가자고 했어요. 그 다음에 절로 갔어요. 그거에 대해서는 잘 모르겠어요. 바람을 피웠는지….

나도 남편에 대한 의심은 있었어요. 중국여자도 그렇고…. 또 11층에 사는 아가씨가 정신이 좀 없는 여자예요. '이리 와' 하면 그냥 와요. 남자가 불러도…. 나는 침례교회 다녔을 때 그 여자 거기에서 만났어요. 나중에 알고 보니깐 11층에 살고 있고…. 그 다음에 애기아빠가 나한테 '데리고 일 다녀오라.'고 했어요. 애기아빠가 나한테 소개해 줬어요. 11층에 사는데 친구하자고…. 가게에 가서 옥수수 사고 왔는데, 애기아빠가 계단에 다시 나가서 그 여자 데리고 왔어요. 조금 날씬해 그 여자는…. 애기아빠가 옥수수 어떻게 요리하는지 가르쳐주라고 하면서, 나보고 가서 '뉴슈가(감미료)를 사오라.'고 했어요. 그 여자랑 집에 둘이 있고 나보고 '슈퍼에 다녀오라.'고 하는 거예요. 그런 의심이 있어요. 자기 둘만 집에 같이 있고…. 또 몇 개월 후에 여자가 살쪘어요. 나는 그 여자한테 '다시는 우리 집에 오지 말라.'고 했어요. '내가 없으면 오지 말라.'고 했어요. 그런데 '그 여자 임신 했을까?' 생각을 했어요. 그 다음에 우리 갑자기 이사 갔어요.

애기 아빠가 절에 들어갔을 때, 제가 인도네시아 친구 집에 놀러 갔어요. 애기 안고 계단 내려오다가 넘어졌어요. 그때 여기 발 다쳤어요. 겨울 되면 발이 많이 아파요. 구두 높은 거 못 신고 해요.

이젠 애기아빠와 같이 살 수 없을 것 같아요. 같이 살아도 또 그럴 것 같아요. 만약에 애기아빠가 나랑 안 싸우고 폭력 안 한다고 하고 나한테 잘 해주면, 나도 백번 잘 해보고 싶고 그래요. 근데 … 남편 술 마시면 계속 필리핀 얘기해요. '필리핀에 얼마나 도와줬냐?'고 하면서…. '더 이상 필리핀 얘기 듣고 싶지 않아, 어머니도 초청하고 오빠, 남동생도 초청했으니깐 더 이상 내가 도와줄 건 없지.' 하고 그래요. '난 그런 거 도와줬다.' 고 그렇게 말했어요. 필리핀 가족들한테 욕하고, 부모님한테 그러는 거 난 싫어요. 만약에 성격을 바꾸고 다르게 한다면 나도 같이 살고 싶은데, 더 이상 무서워서…. 왜냐면 저를 죽일까봐…. 지금은 이렇게 때리는데 언젠가는 죽일 수도 있고…. 그렇게 안 맞을 것 같아요. 근데 지금은 내 자신이 돈도 좀 벌고, 애들 만나든지, 애들 데리고 올 상황이 되면 데리고 오던지…. 애들 데리고 살고 싶어요.

애기아빠가 저랑 같이 살 마음도 없고…. 애들 데리고 이혼하고 싶어요. 자주 싸우고 자주 때려서….

우리 지금 여호와의 증인 다녀요. 집에서 가까워요. 애기아빠가 제주도 이사 올 때부터 여호와의 증인에 아는 사람을 만났어요. 남편은 여호와의 증인 나가요. 저도 애기 아빠가 같이 가자고 해서 같이 다녔어요. 따로 하면 안 좋다고 해서….

애기들을 보고 싶은데, 남편이 못 보게 해서 … 지금 몰래 가서 보는 거죠. 애들은 어린이집에 있고 애기아빠는 집에 있을 거예요. 만약에 애기아빠가 애들 먹을 것 잘 챙겨주고, 잘 씻겨 주고, 옷도 잘 입혀서 보내면 걱정 안 하는데. 그런데 남편 성격을 보면, 애들 목욕도 안 시키고, 얼굴도 잘 안 닦아주고, 밥도 잘 못 먹여 줘요. 배고프다는 소리는 모르더라구요. 아이스크림 사달라는 얘기는 들어도. 그냥 자기 밥 먹고 싶을 때 사먹어요.

한국에 살면서 애들 키우고 싶어요. 다른 집 빌려서 살고 싶어요. 애들 못 본 지 일주일이나 됐어요.

지금은 혼자 개인으로 가서 남편 만나서 얘기하면 안 되고, ○○센터 선생님들도 가면 안 돼요. 애기아빠 성격이 화나면 때리는데 어쩔 수 없어요. (남편은) 언제부터는 여기 ○○센터 가지 말라고 했어요.

바람과 꿈

한국말은 ○○에 살 때 배웠어요.
국적은 3년 전에 취득했어요. 결혼한 지 8년 됐는데 5년째 국적을 취득했어요.
힘으로 하는 일은 해본 적 있는데, 이렇게 머리나 말로 하는 일을 해본 석은 없어요. 열심히 돈 빌어서….
제가 대학교도 안 나와서요. 만약에 할 수 있다면 사무실 같은 데서 일하고 싶어요. 힘든 일은 안 하고 싶어요.

베트남에서 온 여성결혼이민자

풍
마이

풍

- 베트남 빈롱(Bin Rong) 출생
- 31세
- 베트남에서 초등학교 졸업 후 의류판매업에 종사
- 한국인 남성과 결혼한 친구소개로 남편을 만남
- 유흥업소 가수로 일하는 남편(44세)과 2005년 말 결혼, 남편은 재혼이며 전처소생 자녀 2명과 결혼 후 출산한 10개월 된 딸과 함께 제주시에 거주
- 남편이나 전처소생 자녀와의 관계가 원만, 베트남 출신 친구들과 교류
- 의사소통에 어려움이 있음

베트남에서의 생활

베트남에서는 식구가 어머니 있어요. 언니 두 명, 남동생 한 명 있어요. 아버지 돌아가셨어요. 12년 전에, 아니 14년 전에, 제가 열일곱 살 때 돌아가셨어요.

어렸을 때 베트남에 살 때 집안 형편이 보통이었어요. 학교 졸업하고 계속 옷 파는 일을 했어요. 여기 와서, 결혼한 친구는 계속 연락하고 만나고 있어요.

베트남 빈롱이 고향이예요. 학교는 초등학교 졸업했어요. 스물아홉 살에 결혼했어요. 베트남에서는 옷 파는 일을 했어요. 오래 했어요. 친구 소개로 한국에 왔는데….

국제결혼 선택 동기

결혼은 친구가 여기 있어서 하게 된 거예요. 친구 남편의 친구예요. 그 친구 남편의 친구가 현재의 남편이예요.
결혼하기 전에 제가 별로 생각이 없었어요. 그냥 결혼….
지금 나오는 ○○센터 … 여기 좋아요.
남편 마음 좋아요. 남편 마음 착해요.

평탄한 결혼생활

남편은 노래하는 가수예요. 가게 같은 데서 노래를 해요.
남편 애기(전처소생 자녀) 두 명 있고, 남편, (결혼해서 낳은) 딸, 그리고 저, 이렇게 함께 살아요. 남편은 재혼이예요. 남편 애기 두 명은 제가 키워요. 한 명은 열아홉 살, 또 한 명은 열일곱 살이예요. 열아홉이 남자, 열일곱이 여자. 다 고등학생이예요. 나랑 사이 좋아요.

여기 시아버지 돌아가셨어요. 저희랑 어머니는 같이 안 살아요. 엄마(시어머니) 좋아요. 시어머니 마음 괜찮아요. 가끔 찾아뵈고 그래요. 남편의 형제들도 형 한 명, 누나 두 명 있어요. 남편이 막내예요. 남편의 형, 남편의 누나, 제가 만나본 적 없어요. 왜냐면 제주 말고 다른 데 살아요. … 그 사람들하고도 잘 지내고 문제없어요.

남편 애기들 마음 착해요. 그래서 문제없어요. 애들 학교와 관련된 것들은 남편이 알아서 해요.

아침에 일어나서 밥 해주고, 애기 데리고 여기 와요. 왔다가 집에 가서 저녁에 저녁밥 하고 베트남 친구들 만나러 가요. 친구 많아요. 도두동, 고내, 조천…. 조천까지 자동차로 남편이 데려다 줘요. 남편이 대개 좋아요. 남편 … 베트남에 대해서 많이 알아요.

베트남 사람이라고 주변이 얘기한 건 없어요.

제주도에서 생활해 보니깐 좋아요. 왜냐면 바다 예뻐요. 산도 있어요. 한라산, 많이 갔어요. 그런데 세가 이름 몰라요.

제주도에 결혼해서 온 뒤 베트남에 한 번 가봤어요. 애기 5개월 때 베트남 갔었어요. 남편 바빠서 혼자 갔어요. 비용은 남편이….

문화차이, 의사소통에서의 어려움

베트남 음식하고 여기 음식하고 많이 달라 조금 힘들어요. 남편 베트남 음식 사와 주세요. 지금은 괜찮아요.

한국하고 베트남하고 많이 달라요. 음식 달라요. 말 달라요. 다른 것도 달라요.

내가 국적이 없어요. 외국인 등록증 있어요. 어디 가서 이걸 보여 주면 괜찮아요.

남편 베트남 말 조금 알아요. 그래서 대화해요. 남편 애기들은 괜찮아요. 베트남 친구들 말고 한국 친구들은 없어요. 아니 없어요. 제가 한국말 잘 못해요. 친구 없어요.

한국이나 베트남이나 남자들이 여자들 막 시키거나 하는 것은 같아요. 남자가 더 높아요.
베트남에서는 결혼했을 경우 남편하고 아내, 같이 일해요. 모든 것이 괜찮아요.

○○센터에서 공부하는 건 한국어예요. 제가 지금 한국말만 배워요. 요리 공부 안 해요. 나중에…. 지금 한국말 조금 밖에 못해요. 그래서 요리공부 못해요.

지금 힘든 건 없고 다 좋아요. 제가 여기 살아요. 요리 … 제가 지금 한국말 조금만 해요. 잘 못해요. 그래서 요리 잘 배우지 못해요. 한국음식, 잘하는 거 김치찌개, 된장찌개, 또 이름 잊어버렸는데…. 남편이 다 가르쳐줬어요. 남편은 밤에 일을 해요. 남편이 저녁에 일을 가요.

바람과 꿈

국적 지금 제가 없어요. 아직 주민등록 없어요. 국적 2년 넘어야 나와요.
나중에 애기 학교 가면 … 이제 한국말 잘 했으면 좋겠어요.
특별하게 하고 싶은 건 없어요. 그냥 애기가 잘 컸으면 좋겠어요. 왜냐면 제가 한국말 잘 못해요. 그래서 나중에 애기 한국말 잘….
○○센터 와서 한국말 배우는데, 다음에는 요리 배우고 싶어요.

여기(센터) 사람 좋아요. 여기 사람 마음 괜찮아요. 많이 착해요. 좋아요. 여기 와서 베트남 친구들만 만나요. 다른 데 가는 데 없어요. 우리 애기 한국말 잘 하면 좋아요. 그냥 애기만 잘 컸으면 좋겠어요.

마이

- 베트남 하노이(Hanoi) 출생
- 22세
- 베트남에서 고교 졸업 직후 한국으로 옴
- 한국인 남성과 결혼해 살고 있는 언니 소개로 남편을 만남
- 2005년 컴퓨터 수리/판매업을 하고 있는 남편(37세)과 결혼해 14개월 된 딸과 함께 거주
- 남편, 시댁식구들과의 관계 원만하며 현재 생활에 만족
- 초기에 언어와 음식 문제로 어려움이 있었음

출생과 가족

제가 스물두 살이예요. 애기 이름은 ○○이요. 2005년에 한국에 와어요. 스무 살에 왔어요. 3년 아직 안되었어요.

한국에 오기 전에 베트남 하노이에 살았어요. 태어나서 계속 하노이에서 살았어요. 고등학교 졸업했어요. 가족은 엄마하고 아버지하고, 언니, 남동생이 있었어요. 다섯 식구.

종교는 불교예요. 부모님은 하노이에서 농사해요. 학교는 고등학교까지 다녔어요. 졸업하자마자 한국에 왔어요.

베트남에서는 여자들이 장사하고 싶어해요.

한국인 남성과 결혼 한 언니 소개로 국제결혼 선택

친언니 소개로 한국에 오게 되었어요. 친언니가 진주에 살아요. 언니가 먼저 베트남에서 한국으로 왔어요.
친언니는 결혼정보회사를 통해서 왔어요. 2005년에…. 나는 언니 오고 제가 5개월 나중에 왔어요. 나, 언니 소개로 왔고, 형부하고 남편이 서로 아는 사이여서 언니가 소개시켜준 거예요. 언니가 한국에 올 때 결혼비용은 형부가 다 했어요.
언니 보러 가끔 제가 가요.

나는 한국에 오기 전에 한국에 대하여 조금 알고 있었어요. TV에 많이 나오잖아요. 한국에 오기 전에 베트남에서 한국에 대하여 따로 공부한 건 없었어요.

결혼생활과 한국생활에 적응하기

지금 남편하고 애기하고 살아요. 딸은 두 살, 13개월이예요.
남편은 지금 서른여덟 살이예요. 남편은 컴퓨터 일을 해요. 컴퓨터 파는 거.

시댁 식구들은 서울에 있어요. 시부모님, 남편하고 여동생 있어요. 남편은 제주도 사람이예요. 시댁이 서울로 이사를 갔어요. 시어머니, 시아버지 서울에 살아요. 인사하러 갔어요. 시부모님들도 잘 해주세요.

내가 베트남사람이라고 해서 주변사람들이 안 좋게 생각하는 그런 건 없어요. 다 잘해줬어요. 옆집 사람들하고도 다 잘 지내요.

한국과 베트남 많이 비슷해요.

한국에 온 다음에 베트남에 안 가봤어요. 애기 아직 너무 작아요. 그래서 하루 종일 ○○이랑 집에 같이 있어요. 약간 납납해요. ○○센터에 나오면 친구들 만나고, 한국어 공부도 하고요. 좋아요.

아직 국적이 없어요. 신청을 안 했어요.

처음 올 때는 한국말을 하는 게 힘들었어요. 이 동네 사는 것 편해요, 하노이보다. 남편하고 사이는 좋아요.

제가 한국말을 아직 잘 못해서 ○○ 키우는 데 힘들어요.

한국음식 … 제가 이제 잘 먹어요. 한국음식 잡채 잘 해요. 한국은 남자가 많이 안 도와줘서 조금 힘들어요.

제가 한달 동안 집에 있다가 집 심심해서 지금 ○○센터에 왔어요. 한국말이 제일 힘들어요. 말하는 거 말고 힘들었던 것 없어요. 언니한테 연락하고 해요. ○○센터에서 한국말만 배워요. 제가 애기가 있어서….

베트남 친구들은 진주, 부산에도 있어요. 베트남 친구 중에 제가 제일 어려요. 친구들은 생활하면서 다 좋대요.

바람과 꿈

제가 한국에서 한국에 대하여 배우고 싶어요. 그래서 이곳 센터에서 많이 도와줘요. 여기서 한국어 배우고 하는 게 너무 좋아요. 베트남 사람들이 한국에 오면 한국에 대하여 많이 배우고 싶어 해요. 여기 센터에서 친구들도 배우는데, (언니가 사는) 진주에는 이런 센터가 없어요. 그래서 집에서 혼자 해요. 한국 배우고 싶어요. 그런데 선생님 없어요.

여기 센터에서 많이 도움 줬어요. 그래서 제가 이곳 센터에서 많이 배웠어요. 한국말도 배우고, 아이도 어떻게 키워야 하는지 많이 배웠어요. 너무 좋아요.

나중에 한국에서 일 하고 싶어요. 애기가 좀 커야…. 남편이 잘 도와줬으면 좋겠어요. 앞으로 애기 교육이 걱정이예요. 이걸 어떻게 말해야 하나…. ○○ 크면 둘째도 가져야죠.

몽골에서 온
여성결혼이민자

지쩨
김미수

지쩨

- 몽골 흡스굴(Khovsgol) 출생
- 31세
- 몽골의 대학(울란바토르 소재)에서 회계학을 전공했고, 졸업 후 호텔에서 근무
- 몽골의 한 호텔에서 근무할 때 남편을 만남
- 건설회사에 근무하는 남편(41세)과 연애 결혼하여 2007년 2월부터 제주시에 거주, 임신 9개월째(2007년 9월 현재)
- 출산 후 아이를 키우고 한국어가 익숙해지면 취업을 희망

출생과 가정형편, 그리고 일

서른하나. 1977년생이예요. 제주시 ○○에 살아요.
몽골에 있을 때는 울란바토르시에 살았어요. 고향은 흡스굴이예요. 대학교 때 울란바토르에 갔어요. 종교는 없었구요. 몽골에는 부모님, 오빠 한 명, 언니 한 명, 남동생 한 명이 있어요.

한국에는 2007년 2월에 왔어요. 한국에 오기 전에 몽골에서 학교는 ○○대학교에서 회계학을 전공했어요. 한국 오기 전에 몽골에서 호텔에서 경영 쪽에 근무를 했어요.

남편과의 만남, 그리고 국제결혼

남편이 몽골에 3번 왔었어요. 그때 만났어요. 남편이 건설회사에서 일해요. 그래서 개인적으로 몽골에 왔다가 만났어요. 제가 일하는 호텔에 남편이 묵어서 만나게 됐어요. 연애결혼한 거지요. 결혼식은 제주에서 했어요. 그때 몽골에서 어머니하고 언니가 왔어요.
남편 나이는 마흔한 살이요. 제가 호텔에 근무하기 때문에 외국에 대하여 연수를 많이 받았어요. 호텔 측에서 하는…. 원래 한국 말고도 다른 나라에 대해서도 많이 배웠어요.
처음부터 한국 사람과 결혼할 생각은 없었어요. 그런데 남편과 만나고, 그리고 사람도 괜찮은 것 같아서 결혼하게 됐어요. 그리고 사장님이랑 몽골에 같이 계속 왔어요. 그때 그쪽에서 통역도 같이 와서 통역을 통해서 자주 만나게 되고, 서로 얘기를 하게 됐고, 그리고 만약에 문제가 있더라도 우리 회사가 증명이 된다고 말해서, 대사관 쪽에서도 회사를 알려 줄 수 있으니깐.

한국에 오기 전에는 미리 계획한 것은 없고, 일단은 한국에 오면 한국어를 잘 배워야겠다는 생각을 했어요. 나중에 한국어를 배우면 한국에서 어떤 일이든 일을 할 수 있으니깐 그때 결정을 하려구요.

결혼생활

제주도에서 가족은 남편하고 저 둘이 살아요. 시아버지는 돌아가시고, 시어머니는 따로 사세요. 남편은 원래 제주도사람이예요. 지금 임신 중이예요. 임신 9개월. 힘들지는 않아요. 딸이라고 하네요.

남편의 형제가 8명이예요. 남편이 여섯 번째예요. 저와 사이좋아요. 남편은 몽골어를 못해요. 대화는 그냥 인사 같은 거만 해요.(하하…)

여기 와서 둘이만 사니깐, 시집도 많이 안 가니깐, 문화의 차이나 여기 문화에 대해서 많이 아는 바가 없어요. 시어머니와 함께 사는 몽골 여자가 있는데, 시어머니랑 같이 사니깐 갈등도 있고 어려울 때도 있다고 하는데, 저는 남편이랑만 사니깐 아직은 그런 거는 잘 모르겠어요.

문화차이와 어려움

몽골에서의 생활과 한국, 제주도의 생활에서 뭐 특별하게 어려운 점은 없구요. 언어 때문에요. 간단한 의사소통도 힘들기 때문에 그게 가장 불편해요. 내 생각도 말하고 사람들하고 자연스럽게 의사소통도 하고 싶은데 아직 언어 때문에 많이 힘들어요.

여기 시집 온 몽골사람 서너 명 정도 있어요. 그 사람들하고 통화하고 만나고 그래요.

여기 왔을 때 음식이 입에 잘 안 맞았어요. 한국에 와서 한 달쯤 지나서 몽골로 돌아갔어요. 거기서 좀 있다가 다시 돌아왔어요. 그때는 아버지도 몸이 좀 안 좋으셔서 갔다가 다시 왔어요.

한국에서 집안일을 할 때 여성들이 다 한다거나 그런 것에 대해서는 아직 별 차이는 느끼지 못 했어요. 남편이 많이 도와줘요. 필요한 걸 많이 얘기하라고 하고 도와줘요.

원래 몽골 사람들이 자기 자식에 대한 남편에 대한 정이 많아요. 자기를 다 버려요. 결혼을 하게 되면…. 결혼을 하면 내가 언제나 두 번째에요. 자식이 첫 번째고, 가족이 두 번째고, 내가 세 번째. 그렇게 되요.

몽골에서는 여성들의 사회활동이 적극적이예요. 남자보다. 대부분. 그건 좀 상대적인데, 만약에 대학교 나왔으면 자기 전공으로 괜찮은 일을 하고, 대학을 못 들어갔으면 노동, 근로자 이런 쪽으로 일을 해요.
몽골에서는 대학 진학률이 인터넷정보를 봤는데, 78%(?) 거의 대학교를 간대요. 이상한 거는 대학교 학생들을 보면 70% 정도는 여자예요. 그러니깐요, 고등학교까지는 50% : 50% 거의 비슷한데 대학교 가면 여자가 더 많아요.

다른 나라, 필리핀 같은 나라 여자들은 연애를 해서 결혼한 것이 아니고 결혼정보회사를 통해서 왔잖아요. 제가 아직 한국말을 잘 못해서 자기소개도 잘 못하고, 잘 듣지도 못하니깐 혹시 다른 한국 사람들이 저를 보고 그렇게 생각을 할까봐 걱정이 돼요.

몽골이랑은 제주도에서의 생활이랑은 별로 차이는 없는 것 같아요. 거기에서도 아파트에서 생활을 했었는데 여기에서도 아파트에 살고. 그리고 제주도는 아직 큰 도시가 아니기 때문에 만약에 서울에 살면 다르다고 느낄 수 있는데, 제주도는 아직 시골인 거 같아서 그렇게 별 다른 차이는 모르겠어요.

제주에서의 생활

센터에는 월요일, 수요일에 와요. 이번 주부터 오기 시작했어요. 집 이외에는…. 센터 오는 거 말고 일요일마다 남편이랑 ○○공원이라든지 다른 데 구경 다녀요. 수업이 없는 날에는 집에서 TV를 보거나 인터넷을 해요.

몽골 출신 모임이 있는데, ○○에 한 명 있어요. 저번에 한 번 만났는데 한국말도 잘해요. 여기 온 지 6년 넘었고 결혼도 했어요. ○○○에도 살아요. ○○에 있는 사람은 이곳 센터에 자주 와요. 그런데 애기가 어려서 요즘은 잘 안 와요. 다른 몽골사람은 ○○○ 바로 옆에도 있어요. 지금 3명과 연락을 해요. 그리고 새로 2명이 더 들어온다고 들었어요. ○○에 있는 ○○는 한국에 온 지 6년이 되고, 결혼한 지는 2년이 됐어요. 같이 일하는 사람이랑 연애를 하고 결혼을 했어요. 그리고 ○○○에 있는 한 명도 남편이 몽골로 여행을 갔다가 만나서 연애를 해서 결혼했어요. 그런데 다른 한 명은 결혼정보회사를 통해서 결혼을 했어요. 남편이 재혼을 해서 원래 남편의 애기가 두 명이 있어요. 그런데 그 사람은 그것을 모르고 결혼을 했어요. 시어머니랑 같이 사는데 시어머니랑 문제가 있는 것 같아요. 아무래도 생활하는 게 힘든 것 같아요. 온 지는 4개월밖에 안 됐어요. 아직 말도 잘 못해요. 다른 사람들은 연애를 해서 결혼을 했기 때문에 괜찮은 것 같구요. 다른 곳 사람들이 제주시에 오면 우리 집에서도 모임을 해요. 만나서 몽골 음식도 해 먹고 그래요.

아까 결혼정보회사를 통해서 온 사람 있잖아요. 그 사람이 올 때 7명이 한국으로 왔어요. 그래서 제주도로 한 명이 오고 다른 사람들은 다른 지방으로 갔어요. 몽골에서 회사를 통해 한국으로 결혼해서 오고자 하는 사람들이 많아지고 있다고 얘기를 들었어요.

바람과 꿈

앞으로 일단 애기를 낳으면, 애기를 보는 게 최소한 3~4년이잖아요. 애기를 낳으면 센터에 신청을 해서 방문도우미가 오기로 했어요. 친정어머니를 초청하려고 했는데 나이도 많고, 이번에 초대를 못해서 내년 봄쯤에 하려고 해요.

남편이 잘 도와주시니깐 몽골을 그리워하는 향수병이나 이런 건 아직 없어요.

김미수

· 몽골 아랑가(아르항가이, Arhangai) 출생
· 29세
· 몽골의 대학 2학년 재학 때 마상공연자 시험을 본 뒤 2000년 9월 한국에 옴
· 마사회에 근무하는 남편(44세)을 만나 연애해 2005년 4월 남편과 함께 몽골에 가 혼인신고를 하고 그해 8월에 다시 귀국
· 2006년 3월 결혼식을 올리고 남편과 두 살배기 딸과 거주
· 독학으로 한국어공부를 했고 현재 생활에 만족

개명

개명을 했어요. 그냥 몽골 이름 사람들이 발음하기가 어렵잖아요. 그래서 사람들이 알기 쉽게 바꿨어요. 사람들한테 몽골 이름을 얘기하면 그쪽에서도 제대로 못 적으니깐…. 어쩔 때 아파서 병원에 가면 좀 그렇더라구요. 그런데 아직 김미수라는 이름이 호적등본에 올라가지는 않았어요. 올해 10월에 신청을 할 건데 아직 안 했어요.

몽골생활과 한국으로의 이주

지금 나이는 29살이예요. 1979년 8월 25일에 태어났어요. 몽골 울란바토르 시에서 500km 떨어진 아랑가(아르항가이)라고 있어요. 500km 떨어진 도시가 있어요. 거기가 아랑가예요.

몽골에는 어머니 돌아가시고, 아버지, 여동생 두 명, 남동생 한 명. 지금 집에 사는 사람들이요. 결혼한 사람 빼고요. 위에는 오빠 한 명 있어요. 오빠 한 명, 저, 여동생 세 명, 남동생 한 명 해서 6남매예요.

학교는 고등학교까지 나왔어요. 대학교 들어가서 여기 오게 되니깐 그만뒀어요.
몽골에 있을 때 대학은 … 공부하려고 하면 시(市)에 가야 되요. 우리는 왜냐하면 너무 촌이니깐. 저 고등학교 다닐 때는 이랬지만, 지금은 촌에도 대학교 있어요. 우리는 9월에 학교를 들어가요. 그런데 등록만 하고 학교는 다녀보지 못하고 한국에 왔어요. 공부하려고 등록했다가 왔죠. 그런데 학교생활은 안 해봤어요.
대학교 중퇴하자마자 바로 한국으로 왔어요. 몽고에서 일은 거의 안 해봤어요. 우리는 좀 시골에서 목동 있잖아요. 양 같은 거 키우면서 사는 사람들. 부모님들이 그거 했어요. 그래서 우리 어머니가 여자가 학교 안다니면 안 된다고 해서….

제가 원래 말을 잘 타니깐, '이쪽으로 말 잘 타는 사람 필요하겠다.' 그래서 … 여기로 오게 된 것이예요. 여기서 거기에 몽골에 가서 말 잘 타는 사람이 필요하다고 해서 그쪽에서 시험보고 12명 데리고 가겠다, 여자 6명, 남자 6명 이렇게 데리고 가겠다고 설명을 했었어요. 그래서 저는 한국이 처음에는 어떤 나란지는 잘 몰라도 ~이. 어쨌든 외국을 가니깐. 막 좋잖아요. 그래서 '가고 싶다.' 그래서 시험보고 왔죠.

한국 올 때 우리 아빠가 조금 걱정 되고, '혼자서 어떻게 거기서 살 수 있느냐?' 하셨는데, 내가 '이렇게 하겠다.'고 하면 부모님들이 조금은 나쁘고 걱정해도 '니가 알아서 잘 하라.'고 하세요. 몽골 사람들이 원래 그래요. 부모님들이…. 자기 자식이 뭐가 하고 싶다고 하면 그렇게 반대하고 그러지는 않아요.

한국에서의 일, 남편과의 만남, 그리고 결혼

한국에는 2000년 9월달에 왔어요. 그때 마상공연을 하러 왔어요. 거기에서 일을 하다가 2005년 4월에 비자 문제로 다시 몽골로 돌아가게 됐어요. 그런데 애기아빠랑 여기에서 연애는 하고 있는데, 비자 문제로 '몽골에 가서 다시 한국에 안 오고 몽골에 가겠다.' 하니깐, 그럼 우리 애기아빠가 나(구술자) 데리고 몽골에 간다고 그래서 나 따라 갔었어요. 따라가서 우리 부모님들한테 인사를 하고, 결혼 허락을 받고…. 근데 우리 엄마가 몸이 안 좋으니깐 잔치 같은 거 안 하고 그냥 부모님들한테 인사하고, 음식 차리고, 그래서 하루 지내고. 거시서 혼인 신고 하고 8월에 비자 신청하고 했어요.

거기서는 결혼식은 안 하고, 혼인신고만 하고…. 혼인신고 해야 비자 신청을 하잖아요. 그래서 비자 받아서 한국에 온 다음에

2006년 3월 8일에 결혼식을 했어요.

남편은 마사회에 다녀요. 조련사예요.

저는 공연 비자를 받고 나와서 마상 공연을 했어요. 그런데 공연은 많이 안 했어요. 왜냐면 연습 하다가 팔을 좀 다쳐가지고. 그래서 일반 직원으로 일 하다가….

몽골 나이로 21살에 한국에 왔어요. 연애는 2년 했어요. 그런데 이렇게 같이 살 생각 없었는데, 우리 애기아빠가 그냥…. 몽골도 두 번 갔다 왔어요. 결혼식 하기 전에요. 제가 혼인신고를 해서 몽골에 조금 있고 싶어서 몽골에 있었는데, 우리 애기아빠가 나 왜 안 오냐면서 두 번 몽골에 왔어요.

결혼생활

이제 … 촌에서는 버스 타고 어디 가려고 하면 좀 어렵잖아요. 버스도 많지 않고. 이제는 내 차로 운전하고 가고 싶은데 가고 그러니깐 어려운 거 거의 없어요. 애기도 다 커서 어린이집 보내고…. 아이는 2살이예요.

남편이랑 애기랑 저랑 셋이 살고, 옆집에 시부모님이 살아요.

시부모님이 옆에 사니깐 괜찮아요. 우리 시아버지, 시어머니가 좋은 사람이예요. 그러니깐 내가 옆에 사는 거지. 아니면 이 옆에 사는 것도 장난 아니지. 내가 한국 사람도 아니고 뭐 … 다들 좋으니깐 같이 사는 거죠.

시부모님은 여기서 농사지으세요. 근데 우리 시어머니가 '니가 외국 사람이기 때문에 … 그냥 또 … 어머니도 여자인 입장에서 이런 건 안 했으면 좋겠다.' 그러면서, 나한테 하라고도 안 하고, 하지 말라고도 해요. 그런데 또 제가 도와 드리고 싶어도 제가 어렸을 때부터 할 수 있는 일이어서 할 수 있으면 하겠지만 제가 할 줄 몰라서…. 만약에 검질 매는 것도…. 내가 제대로 뽑지도 않고, 뿌리까지 뽑아야 하는데 … 뿌리 안 뽑으면 또 나오잖아요. 그런데 내가 하고 싶어도 농사일은 잘 못하겠어요.

그런데 그거(농사일) 하고 살아야죠. 남편이 농사일을 하면 그것 밖에 돈이 나올 수가 없잖아요. 한 달에 월급 같은 거 들어오고 그런 게 아니니깐. 몽골 말 번역 같은 거 … 그런 일 있었으면 좋겠어요.

한국생활, 한국문화에 적응하기

처음에 결혼하기 전에 몽골에서 처음 한국에 왔을 때, 모든 게 다 힘들었잖아요. 날씨, 음식, 모든 것 … 물도. 간단하게 물도 맛이 다르잖아요. 그래서 3개월 안에는 고생 많이 했어요. 매운 것도 못 먹고. 그런데 살다보면 다 적응이 되니깐….

한국말 하나도 모르고 여기 와서 배웠어요. 우리는 시간도 없잖아요. 공부하고 싶어도…. 그래서 그냥 집에서 책보고 했어요.

혼자서 한국말 공부했어요. 옆에 한국 사람도 없고 하니깐…. 몽골사람들끼리만 일하고, 그리고 몽골 사람들 사는 데도 따로 있고 하니깐 한국 사람하고 서로 대화를 할 수가 없는 거죠. 그냥 집에서 책 보고 공부하고…. 우리는 오자마자 애기 임신 되고, 멀리 가지도 못 하고 해서…. 결혼할 때만 해도 한국말 거의 못하는 정도였어요. 그냥 뭐 사랑하니깐.(하하…)

살다보면 다 되잖아요. 내가 몽골말로 하고 싶어도 몽골사람들이 여기 없으니깐…. 그 사람 궁금해 하면 사전 보면서 찾으면서 해요. 근데 아직도 말 잘 못해요.

결혼한 다음에 그냥 임신하고 애기 낳고, 애기 키우는 그런 시간들이잖아요. 한 살 두 살 까지 엄마가 애기 젖을 먹여야 하니깐 애기 혼자 계속 돌보고 그래야 하니깐 그때가 조금 … 내가 어디 가고 싶어도 못가고, 애기 때문에 못가고, 가도 애기 때문에 일찍 와야 하고. 그런 것이 좀 답답하고. 친구들도 가까운 데 없으니깐. 그게 좀 답답하고 힘들었던 거죠. 이제는 괜찮아요. 그 시간 지나가면 뭐….

우리 같은 경우에는 얼굴도 비슷하고, 그리고 제가 말을 많이 알지는 못해도 어떤 사람이 이럴 때 좋은 말하는 건지, 나쁜 말하는 건지 알고 있으니깐…. 거의 사람들이 모두 따뜻하게 봐줘요. 왜냐하면 몽골 사람하고 한국사람 … 같은 민족, 같은 피 … 특히 제주도 사람들은 같은 피가 섞여 있다고 해서 … 이렇게 해서 '몽골 사람은 한국 사람이다, 한국 사람은 몽골 사람이다.' 이렇게 봐주니깐. 몽골 사람 이렇게 한국에 와가지고 한국 사람처럼 이렇게 살고 싶어도, 나도 이제 억울하다 뭐하다 그런 건 없고요. 괜찮아요.

한국 사람들이 있잖아요. 같은 김씨끼리 살면 안 된다 하면서 그런 게 있잖아요. 우리는 그런 게 없으니깐, 자기 원하는 대로 … 엄마 아빠가 거의 … 이제 몽골은 친척끼리도 땅이 넓어서 서로 멀리 멀리 떨어져서 살기 때문에 그런 건 전혀 없어요. 그런데 나는 여기 와서 사니깐 들어보면, 김씨는 김씨끼리 안 되고, 연씨는 연씨끼리 안 되고, 그런 말들이 있더라고.
우리는 성이 있기는 있지만 땅이 너무 넓으니깐. 사람들도 너무 넓게 있고. 한국 하고는….

(몽골과 한국) 서로 풍습이 다르잖아요. 한국 풍습은, 특히 제주도는 … 여기 촌 같은 데 살아보니깐 제일 힘든 건 뭐냐면, 풍습 같은 거를 잘 모르니깐. 근데 여기는 좀 더 복잡한 거 같애요. 나 생각에는…. 우리나라는 좀 심하지 않아도 제주도는 좀 복잡해요. 그래도 어떻게 해, 따라가야지 뭐.

몽골에서는 맞벌이를 많이 해요. 근데 여기 제주도에서는 있잖아요. 친정어머니나 친정아버지가 우리 집에 와서 살 수가 없잖아요. 하지만 몽골 같은 경우에는 우리 시아버지, 시어머니 계셔도 친정부모님이 며칠씩 와서 살 수가 있어요. 아무 상관없어요. 다른 사람들도 뭐라고 안 해요. 그런데 여기서는 막 뭐라고 하고요. 그리고 몽골에서는 제사 같은 거 없으니깐 우리나라는. 여기처럼 큰아들 제사해야 한다, 작은 아들 제사해야 한다, 그 제사를 누구가 받아야 한다, 이런 게 없으니깐 좋아요. 그런데 여기는 제사도 있고, 벌초 같은 것도 해야 되고, 그런 것들이 복잡하잖아요. 우리는 그걸 잘 모르니깐.

우리는 좀 자유로워요. 옛날부터, 30년 전부터 러시아의 영향을 많이 받아서 풍습이나 문화 같은 게 복잡하지는 않고. 원하는 대로, 니가 원하는 대로…. 이제 나 여기서 짧은 치마 입고 싶어도 여기서는 못 입잖아요. 그러면 우리나라 같은 경우는 그런 거 상관없어요. 시어머니가 옆에 살아도…. 가슴 여기 보이는 옷 입어도 아무 상관 없어요. 그런데 여기서 그런 거 입으면, 옆에 사람들이 '시어머니 앞에서 그런 거 입으면 어떻게 하냐?' 고 얘기하고…. 참 그것도 신경 쓸게 많아. 그런데 어떻게 해? 어쩔 수 없지.

우리나라 같은 경우에는 고춧가루, 이런 양념이 많지 않으니깐. 음식은 처음에 많이 힘들었어요. 여기서는 맨날 고기도 잘 안 믹으니깐. 우리 같은 경우에는 맨날 고기 먹어도 괜찮아요. 그런데 한국 사람은 고기 이틀 삼일씩 먹으면 '아이고…, 이거 안 되겠다, 야채 먹어야 된다.' 이렇게 하니깐.

제주에서의 생활

제주도는 좋아요. 육지는 좀 더 뭐 같아요. 특히 제주도는 몽골 사람들이 많지 않잖아요. 그러면 그것도 좋은 것 같아. 문제도 많이 안 생기고. 사람들이 많으면 문제도 많이 생기잖아요. 그런데 제주도가 제일 좋아요.

결혼해서는 계속 여기 ○○리에 살았어요. 우리 시어머니는 젊은 사람은 나가서 살아야 된다고 했지만 나는 이렇게 조용히 사는 것이 버릇이 되다 보니깐 이런 게 좋은 거 같아요. 시(市) 같은 데 가면 막 복잡하고. 전 원래 촌을 좋아해요. 시에 가고 싶으면 차를 타고 그냥 가면 되니깐.

한국에서 힘든 것은 없어요. 보험도 다 되고….

제가 가끔 몽골 사람들 몇 사람 안 돼도, 머니깐 자주 만나지는 못 하지만 가끔 만나보면, 그 사람들 그쪽에서 올 때 여기 한국 남자들 잘 알아보고 왔으면 좋겠어요. 그 사람들은 같이 만나보지도 않고, 같이 살아 보지도 않고, 그냥 다른 사람 얘기만 듣고 오잖아요? 오면 그 사람이 뭐라고 할 수도 있고. 어떵(어떻게) 성질도 날 수도 있고. 그거 보면 좀 가슴이 아파요. 나도 마찬가지지만 어떤 사람도 부모님과 떨어져서 살면 잘 살아야지. 그렇게 살 거면….

집도 멀고 하니깐, 애기도 어리고…. 그리고 우리가 막 잘 살지는 안 해도. 사람이 그래도 돈이 있어야지. 나도 복지관 같은 데 가서 도와 주고, 봉사활동 하고 싶은 맘도 있지만 마음대로 안 되니깐 그냥 … 아무래도 애기가 어리고 하니깐 불편하드라구요.

결혼한 다음에 서귀포 복지관에는 컴퓨터 배우려고 올해 봄에 가서 신청하고 한 달 정도 다녔어요. 복지관에서 컴퓨터 수업을 받을 때, 우리 시어머니가 애기 봐 줄 때도 있지만 갑자기 일이 생겨서 안 봐줄 수도 있어. 그러면 내가 거기 하나 빠지면 다음 번에 가면 몰라. 그러면 어쩔 수 없이 애기 데리고 가는 거라. 그러다 보면 우리 애기 막 만지고 뭐 하다보면 수업도 잘 못 듣고. 스트레스 쌓이고 오는 거라. 진짜 애기가 있으면 힘들어요. 뭐 하고 싶어도 거의 못하고…. 내가 원래 사우나 막 좋아해요. 애기 낳고 사우나를 갔는데, 2시간 후면 우리 애기가 젖을 먹으려고 하는 거라. 그러면 나, 사우나 못 가. 사우나 가도 한 시간 지나면 두 시간 되기 전에 나와서 집에 와야 하니깐….

　찜질방 가면 또 안 돼. 그때 우리 애기 너무 어리고 하니깐. 가고 싶어도 참고 참아서 이제까지 안 가는 거라. 그래도 지금은 다른 사람한테 맡겨도 하루 반은 살 수 있으니깐 괜찮아요. 근데 애기가 딱 보면 착하게 보여. 근데 착하지 안 해.(하하…) 말썽 너무 많이 피워요. 애기는 어린이집 보내요. 지금은 내가 너무 힘들어서. 어디 가고 싶어도 못가고. 내가 집에서 봐주고 싶어도 내가 지쳐서 못 보겠어요. 내가 너무 뻗쳐서 보내버렸어요.(하하…)

바람과 꿈

　한국에서 소망은 그냥 고생도 안 하고 걱정도 없이 그렇게 살고 싶어요. 그런데 돈도 다른 사람들한테 눈치 보이지 않을 정도로 벌고, 그렇게만 살면 좋을 것 같아요.

제3장

다문화사회, '새로운' 한국인 맞아들이기

지역사회의 지원서비스체계와 네트워크
다문화사회, 지역사회 기반 구축을 위하여

지역사회의
지원서비스체계와 네트워크

1. 지방자치단체의 지원서비스체계

2005년까지는 중국인과의 국제결혼이 증가하다가 2006년 들어서 중국인을 제외한[1] 외국인과의 국제결혼이 증가하고 있다. 특히 베트남출신 여성과의 결혼은 2003년 이후 해마다 큰 폭으로 증가[2] 하고 있다.

여성결혼이민자에 대한 정부차원의 관심은 2004년 '한국이주여성인권센터'가 여성결혼이민자의 가정폭력을 비롯한 인권문제를 정책심포지엄에서 다루면서 촉발되어, 이후 여성가족부(당시 여성

---

[1] 여기에는 최근 재중동포 등 재외동포를 대상으로 한 취업관리제와 특례고용허가제 및 방문취업제의 실시가 주요 요인으로 작용하였다. 방문취업제는 재외동포에게 대한민국 국민과 거의 다름없는 경제적, 사회적 권리를 부여하기 위해 제정한 '재외동포의 출입국과 법적 지위에 관한 법률(이하 재외동포법)'을 전면적으로 적용하기 힘든 현실을 고려하여 정부가 2002년 12월 9일부터 실시해온 '취업관리제'와 2004년 8월 17일부터 실시해온 '특례 고용허가제'를 획기적으로 개선한 제도이다. 방문취업제가 실시되면서 재중동포의 국내입국이 쉬워짐에 따라 중국국적의 동포가 결혼을 입국수단으로 선택할 필요성이 줄어들었기 때문으로 보인다.

[2] 2003년 1,522건, 2004년 2,358건, 2005년 5,638건, 2006년 9,812건에 달했다.

부)가 로또기금으로 가정폭력 이주여성을 위한 쉼터 2곳을 개설하게 된다. 여성결혼이민자에 대한 정부차원의 본격적인 관심은 '태평양화학'이 이주여성을 위해 5년 동안 2억원, 총 10억의 기금을 여성가족부에 제공하면서이다. 이 기금으로 2005년에는 '한국이주여성인권센터'에 대해 여성결혼이민자들의 한국어교육과 모성보호지원사업을 하도록 해 전국 6개 지역에서 실시된 바 있다. 이러한 과정에서 국제결혼 실태와 여성결혼이민자들의 한국사회 적응과 인권문제가 사회적 쟁점으로 부각되게 된다.

2005년에는 보건복지부가 여성결혼이민자 실태조사를 실시하는가 하면, 이 실태조사를 기초로 하여 여성결혼이민자들에 대한 정부정책이 구체화되기 시작하였다. 정부는 2006년 4월 '여성결혼이민자가족, 혼혈인 사회통합을 위한 지원대책'을 마련해 시행하게 되고, 이렇게 해 국제결혼을 통해 한국에 들어온 이주여성에 대한 정부차원의 지원대책이 마련되게 되었다.

이와 관련해, 여러 법률이 개정되게 된다. 먼저 '출입국관리법'을 들 수 있다. '출입국관리법'의 개정내용을 보면, 여성결혼이민자의 영주자격 요건을 기존 5년 이상 국내거주에서 2005년 9월부터 2년 이상 거주로 완화했다. 또한 결혼이민자가 이혼하게 되어 간이귀화[3]하는 경우 배우자(남편)의 이혼에 대한 귀책사유를 입증하지 못하면 불법체류자가 되는 등 체류불안정에 처하게 되었던 기존 내용을 개정[4]하였다. 그리고 2006년 5월 9일자 국적업무관리지침 일부 개정안에서는 이주여성들이 귀책사유를 증명하기가 어려운 점을 감안하여 여성단체가 작성한 확인서를 입증자료로 인정할 수 있도록 하는 여성단체확인서제도를 도입하였다. 그러나 여전

---

[3] 2004년 간이귀화제도가 마련되었다.
[4] 개정내용을 살펴보면, ① 국민인 배우자가 사망하거나 국민인 배우자에게 귀책사유가 있는 이혼이나 별거 시 거주(F-2) 자격으로 체류허가와 취업이 가능하다. ② 별거의 귀책사유가 양측에 있거나 외국인 배우자에게 있는 경우라도 자녀양육 등 가족부양 시에는 방문동거(F-1)자격으로 변경, 취업이 허용된다. ③ 당초 국내체류 5년 이상이어야 가능하던 영주자격(F-5)을 2년 거주자로 했다. ④ 자유취업제도 마련-국민의 외국인 배우자에 대해 별도 체류허가 절차 없이 국민에 준하여 자유로운 취업을 허용하였다.

히 한국인과의 사이에 자녀가 있는 경우에 영주자격을 우선적으로 부여하는 등 제한적 조치를 담고 있어 일정한 한계점을 갖고 있다.

한편, 2006년 11월 9일에는 이주여성 전용 긴급전화 1577-1366이 설치되어 폭력상황과 어려움에 처한 이주여성들이 도움을 받게 되었다. 또한 2007년부터 여성결혼이민자들에 대해 국민기초생활보장법이 적용되고 있다. 그러나 이것은 자녀가 있는 여성결혼이민자에게만 제한적으로 적용되고 있다. 또한 2007년부터 다문화가정자녀를 위해 방과후 교실과 지역아동센터, 영유아보호시설이 개방되며, 사회통합을 위한 한국어교육과 문화교육, 정보화교육 지원이 이루어진다.

2007년 5월 17일에는 '재한외국인처우기본법'[5]이 제정되어 공포되었다. 이 법안에서는 '국가 및 지방자치단체가 재한외국인에 대한 처우 등에 관한 정책수립을 위한 책무를 부담한다'고 규정되어 있고(제3조), '외국인정책에 관한 사업 중 일부를 민간에 위탁하고 지원할 수 있도록 하고 있다'(제21조) 또한 '외국인정책에 관하여 관계 중앙행정기관의 장과 민간전문가 등으로 구성된 외국인정책위원회, 실무위원회, 분과위원회의 심의를 거치도록 되어 있다.' (제8조)

다른 한편, 2007년 5월 3일 국무조정실 주재로 개최된 법무부와 여성가족부의 회의 결과, 결혼이민자를 포함한 재한외국인 정책을 법무부가 총괄하기로 하였고, 여성가족부는 외국인정책실무위원회 산하의 결혼이민자 관련분과 위원회의 위원장을 맡아 결혼이민자 대책을 주관하기로 합의하였다. 한국정부부처의 결혼이민자가정에 대한 주요 지원서비스를 정리하면 〈표 3-1〉과 같다.

---

[5] 이 법은 체류 외국인들이 한국사회에 잘 적응할 수 있도록 지원하는 관계 부처 간 개별 단편적인 정책들의 중복 수립으로 인한 정책 간 충돌과 예산의 낭비를 방지하기 위해 외국인들에 대한 통합관리정책 차원에서 마련된 것이다. 이 법은 "재한외국인에 대한 처우 등에 관한 기본적인 사항을 정함으로써 재한외국인이 대한민국 사회에 적응하여 개인의 능력을 충분히 발휘할 수 있도록 하고, 대한민국 국민과 재한외국인이 서로를 이해하고 존중하는 사회 환경을 만들어 대한민국의 발전과 사회통합에 이바지하는 것을 목적으로 하고 있다."(제1조)

〈표 3-1〉 한국정부부처의 결혼이민자가정에 대한 지원서비스

법무부	- 결혼이민자의 영주자격 신청요건 완화(05.9) - 결혼이민자의 이혼·별거 시에도 자녀접견 위해 국내 체류허가
여성가족부	- 부부교육 및 가족상담 - 여성결혼이민자 멘토링 - 한국어교재 개발 - 한국어교실 운영 - 모성보호가이드 발간 - 결혼이민자지원센터 설립
보건복지부	- 혼혈인 생계비 및 학비보조(펄벅재단 위탁) - 빈곤층 혼혈인에 생계, 의료, 주거급여 지원 - 결혼이민자가족이 기초생활보장 수급신청 시 여성결혼이민자 소득·재산 제외(05·8) - 건강보험 가입안내 외국어 리플릿 제작(05.11)
문화관광부	- 국제결혼이주여성 언어사용실태조사 실시(국립국어원) - 이주여성자녀 위한 한국문화체험 행사 - 한국어강좌 개설과 운영(한국어세계화재단) - 사회문화예술교육 지원사업 통해 문화예술교육 지원
교육인적자원부	- 다문화가정자녀 교육지원대책 마련해 발표(시작단계)

특히 주목할 만한 측면으로, 국제결혼중개업을 관리하는 내용을 담은 '국제결혼중개업관리법안' 법률을 2007년 제정했고, 각 지역마다 '결혼이민자가족지원센터'를 설치한 것이다. '결혼이민자가족지원센터'는 여성가족부에서 주관하고, 교육인적자원부에서는 다문화시범학교운영 및 이주민자녀교육 지원업무를 관장하고 있다. 이 가운데 여성가족부가 주관하는 '결혼이민자가족지원세터'와 '결혼이민자 찾아가는 서비스' 사업의 실적(2006)을 보면 〈표 3-2〉, 〈표 3-3〉과 같다.

〈표 3-2〉 전국 '결혼이민자가족지원센터' 사업(2006)

	사업명	인원(명)	비 고
교육프로그램 실시	한국어교육	38,887	한국어교실 운영
	문화교육	9,729	한국문화, 배우자 국가문화교육
	정보화 교육	8,636	컴퓨터교실 등
	직업교육	992	외국어강사, 기술교육 등
	가족교육	2,786	통합가족교육, 부모교육 등
기타	상담사업	7,080	개인 심리상담, 부부문제 등
	자녀보호사업	15,095	부모교육 시 아동보호, 방과후 학습 등
	자조집단사업	2,158	결혼이민자 자조집단 육성 지원
	홍보 및 네트워크 형성	1,095	지역 내 유관기관 네트워크 구성 및 사업 연계
	문화정서 지원사업	5,824	친정어머니 및 후원가족 매칭 등
	합계	92,282	

〈표 3-3〉 '결혼이민자 찾아가는 서비스' 사업(2006)

	한국어	다문화	상담	자녀지원	산전·후 도우미파견
서울 베들레헴	208	50	50	72	125
대전 모이세	303	14	21	23	145
한우리가족사랑센터	229	26	16	10	70
강원도지부 (사)고향을 생각하는 주부들의 모임	492	232	0	252	219
나주 결혼이민자가족지원연대	273	52	20	20	125
합계	1,505	374	107	377	684

〈표 3-2〉와 〈표 3-3〉과 같이, 최근 들어 여성가족부 등 정부부처를 중심으로 해 결혼이민자와 그 가족을 위한 다양한 서비스가 마련되어 실시되고 있다. 다음에서는 제주사회를 중심으로 지방자치단체 차원의 사업들을 살펴보기로 한다.

먼저 국제결혼중개업을 관리하는 법률의 제정이다. 제주도는 2007년 4월 '제주특별자치도 국제결혼가정지원에 관한 조례'를 제정하였다. 이 조례는 "제주에 거주하는 35세 이상의 미혼남녀의 국제결혼을 지원하여 건강한 가정을 이루게 하고 저출산, 고령사회에 능동적으로 대응함을 목적으로 하고 있다."(제1조) 제주외국인 평화공동체와 제주외국인근로자센터를 비롯해 지역시민단체들은 이 조례가 "국제결혼가정을 지원하는 조례가 아니라 국제결혼중개업을 양산하는 결과를 초래할 것"이며, 이주여성을 통해 한국의 저출산문제를 해결하려 한다는 점이 이 조례의 가장 큰 문제라고 지적하면서 조례 철회를 요구해오고 있다.[6]

다음으로 '결혼이민자가족지원센터' 설치로, 정부의 지원대책에 의거해 전국적으로 9개 지역에서 이미 결혼이민자가족지원센터가 설치, 운영되게 되었다. 제주도는 2006년 10월부터 제주도청 여성정책과에 '결혼이민자가족지원센터'를 설치하였고, 대부분의 지방자치단체가 그렇듯 이주외국인 분야에 전문성을 가진 시민단체가 이를 맡아 위탁운영을 하고 있다. 제주도도 이를 2007년부터 제주외국인근로자센터에 위탁해 운영하고 있다.

제주도는 '결혼이민자가족지원센터' 설치 이후 첫 사업으로 결혼이민자가족현황 조사를 실시하였다. 조사결과, 여성결혼이민자의 연령은 26-30세 미만이 177명(25%), 25세 미만 172명(24%), 31-35세 미만 116명(16%), 35세-40세 미만 103명(14%), 41-45세미만 67명(9%), 45세 이상 78명(11%) 등으로 조사됐다. 특히 한국에 입국한 지 3년 미만인 여성결혼이민자는 484명(68%)로 최근 3년 사이 국제결혼이 급증한 것으로 분석되었다. 여성결혼이민자의 배우자 직업(무응답 472명)은 농업 및 축산업 종사자가 92명으로 가장 많았고, 단순노무 및 건설업 50명, 미취업 40명, 자영업 32명, 회사원 22명, 공무원 5명 등이다. 자녀수(무응답 409명)는 1

---

6) 제주지역의 시민단체들이 조례철회를 요구하는 근거로, 정부가 이미 재한외국인이나 다문화결혼가정에 대해 동화주의를 골간으로 하면서 다문화주의를 견지하는 법안과 정책을 이미 마련했거나 마련 중이라는 사실을 들고 있다. 즉, 2007년 7월 18일부터 재한외국인이 한국사회에 빨리 적응할 수 있도록 하고, 서로의 문화와 역사를 이해하고 존중하는 사회환경을 조성하여 사회통합을 위해 '재한외국인처우기본법'이 제정되어 시행되고 있고, 이외에 여성가족부의 '다문화가족지원법안'(다문화가정지원법)에 의해서도 다문화가정의 어려움과 문제들을 극복할 수 있다는 것이다. 더욱이 2007년 3월 9일 제주도는 '거주외국인 지원조례'를 공포하여 시행하고 있기 때문에 국제결혼가정지원에 관한 별도의 조례 제정이 오히려 여성결혼이민자의 인권보호에 역행할 수 있다는 것이다.

인 115명, 2인 59명, 3인 22명, 4인 이상 1명 등이고 자녀가 없는 여성이민자는 107명으로 집계됐다. 한국 국적을 취득한 여성결혼이민자는 53명에 불과했다. 이는 국적취득이 2년 이상일 때 가능하고 여성결혼이민자 가운데 68%가 한국에 입국한 지 3년 미만이어서 국적 취득을 못했기 때문인 것으로 보았다. 이 조사결과는 결혼이민자들 가운데 조사에 응답한 결혼이민자만을 대상으로 이루어진 것으로, 전체 결혼이민자들을 대상으로 한 조사가 아니있다는 점에 일정한 한계가 있다.

제주외국인근로자센터가 제주도의 '결혼이민자가족지원센터'를 위탁받아 운영하게 된 뒤 추진하고 있는 사업[7]을 보면 〈표 3-4〉와 같다.

〈표 3-4〉 제주 '결혼이민자가족지원센터' 사업(2007)

구분	사업(프로그램명)	사업량 또는 회기	참여예정 인원(명)	기타
한국어교육	한국어교육	1주 1~2회	150	〈3월~12월〉 기초반 월, 수 10시 초급반 월, 수 14시 중급반 화, 목 14시 주말 토 10, 13시 야간 월, 목, 금 19시
문화이해교육	풍물교육	주1회	10	〈3월~12월〉 매주 토 19시
	생활요리교실	24회	60	〈6월~11월〉 밑반찬, 계절음식
	취미교실	20회	20	〈6월~11월〉 종이접기, 비즈공예
	베트남어교육	24회	20	〈6월~11월〉 매주 일 19시
	문화체험	3회	60	〈분기별 4~8월〉 문화유적지 탐방 한라생태학교 체험

7) 제주결혼이민자가족지원센터의 2007년도 예산액은 45,437천원(국비34,750천원, 도비8,687천원)이다(관계자와의 인터뷰내용).

가족 상담	상담서비스 제공	100회	100	·
	부부교육	2회	10	·
	자조집단 육성	24회	60	·
캠페인	다문화인식 개선	3회	·	분기별
다문화교류 사업	결혼이민자 가족캠프	15가정	15가정	10월
	외국인가족 송년모임	200가정	200가정	12월
실태조사	결혼이민자가정 실태조사	100가정	100가정	결혼이민자욕구조사

또한 제주도는 '결혼이민자가족 아동양육지원 사업'을 '결혼이민자가족지원센터'에 위탁하여 실시하고 있다. 이와 관련해 '결혼이민자가족지원센터'에서는 결혼이민자아동양육도우미를 파견하고 있으며, 4월과 8월에 파견가정을 모집하고 있다. 또한 결혼이민자의 자녀들을 위해 센터에서는 방과후 교실을 실시하여 몇 명의 학생들이 학원 대신 '결혼이민자가족지원센터'에 와서 공부를 하고 있다.[8]

현재 제주도가 추진해오고 있는 이러한 사업들의 문제점으로, 한 시민단체 관계자는 결혼이민자가족에 대한 기본적인 DB가 구축되어 있지 않은 상태에서 여러 사업을 실시하게 되면 유사한 사업이 될 수밖에 없고 참여인원도 제한될 수밖에 없다고 지적한다. 이와 관련해, 제주도(여성정책과)는 향후 결혼이민자가족지원정책을 수립하기 위한 기초로 결혼이민자가족에 대한 DB구축하기로 하였는데, 행정 시 읍·면·동 담당 공무원들이 조사를 하였고 제주발전연구원 여성정책연구센터가 분석하였다. 조사항목에는 결혼이민자 가구특성(가족구성원 및 복지지원 실태), 국적관련 사항, 국제결혼가정, 입국연도, 결혼연도, 결혼하게 된 동기, 경제활동 분석, 한국적응과정, 가정생활분석, 자녀양육실태, 정책적 욕구조사 등이 포함되었다. 조사기간은 2007년 7월부터 9월까지였다.[9]

---

8) 이 사업의 예산액(복권기금)은 76,800천원(국비100%)이며, 지원대상은 만 0세에서 만12세 이하 (또는 초등학생 이하)의 자녀를 양육하고 있는 결혼이민자가정(지원 대상가정 90가정)이다. 사업기간은 2007년 4월부터 12월까지였다.

다른 한편으로, 여성결혼이민자 관련 사업은 제주도의 여성발전기금 지원사업 차원에서도 기획되었다(〈표 3-5〉 참조). 제주시 차원에서는 급증하는 여성결혼이민자의 조기정착을 지원하기 위해 여성결혼이민자를 위한 '사이버쉼터' 운영을 활성화하고 국가별 인터넷 사이버카페를 개설하는 한편, 정보화 무료교육을 실시하고 있다. 이외에 기초지방자치단체 차원에서 동(洞) 단위 주민자치센터를 통해 마을 단위 결혼이민자들을 위한 컴퓨터교육과 한글교육 프로그램을 운영하고 있다. 그러나 동 단위 프로그램의 경우 수강자가 적고 동사무소 여건상 다양한 프로그램을 운영하기 힘든 상황이다(동사무소 관계자와의 인터뷰결과).

〈표 3-5〉 여성발전기금 지원사업

단체	사업	지원액(천원)	시행시기
제주YWCA	결혼이주여성의 행복 가꾸기 프로젝트 '친정어머니가 되어 드립니다'	4,655	6~11월
(사)제주특별자치도 국내여행사안내사협회	이주여성 내 고장 바로 알기	1,853	6월초
제주시 여성단체협의회	결혼이민여성과 함께 하는 한마당 축제	3,753	9~10월
전국주부교실 제주시지회	국제결혼가정의 행복과 희망 만들기	4,351	5~10월
제주생활개선회	이주여성을 위한 기회사업	2,318	5~11월

이외에, 제주도교육청 차원의 다문화교육지원활동을 들 수 있다. 제주도교육청은 2007년부터 6천만여원의 예산으로 다문화국제이해교육의 활성화, 다문화가정을 위한 지도자료 개발, 생활지도 및

---

9) 조사대상은 제주도내결혼이민자 1,009가구였으며, 이 가운데 745가구가 조사에 응했다. 조사결과, 조사대상 결혼이민자의 78.2%가 아직 국적을 취득하지 못한 것으로 나타났는데, 이것은 혼인신고 후 2년이 지나야 주어지는 국적 취득자격에 해당하지 못한 결혼이민자가 조사대상자에 많이 포함되었기 때문이기도 하다. 이것은 최근 제주사회에 결혼이민자가 급증하고 있음을 보여준다. 이에 대한 자세한 내용은 제주특별자치도(2007)를 참조바람.

상담 활성화, 유관기관 및 단체와 교육지원 협력 등 4대 사업을 추진 중에 있다. 좀 더 구체적으로, 다문화국제이해교육을 통해 더불어 사는 인성교육을 강화하고, 다문화가정자녀[10]의 문화이해와 학습적응을 돕는 지도자료(다문화국제이해교육자료, 다문화가정 초등학교 신입생 학교생활안내자료, 다문화가정 자녀를 위한 한국어 자료, 글로벌에티켓자료 등)를 개발·보급함으로써 생활적응과 학습이해력을 신장하는 방안을 마련 중에 있다.

2. 시민사회의 지원네트워크

여성결혼이민자를 비롯한 이주여성, 외국인노동자와 그 가족 및 그 외 외국인들의 지역사회 정착을 돕기 위해 다양한 활동을 전개해오고 있는 대표적인 지역시민단체로는 제주외국인평화공동체와 제주외국인근로제센터가 있다. 제주외국인평화공동체는 평화문화 확산운동을 해오고 있는 단체로, 다문화가정의 안정적 정착과 일반인들의 인식변화를 위한 활동을 전개해오고 있는 시민단체이며, 최근 제주도의 '국제결혼가정 지원에 관한 조례'와 관련해서 조례철회를 주장해오고 있다. 제주외국인근로자센터[11]는 이주노동자를 비롯해 최근에 급증하고 있는 여성결혼이민자와 유학생들을 위한 활동을 해오고 있는 단체로, 제주도로부터 '결혼이민자가족지원센터' 사업을 위탁받아 운영해오고 있다. 크게 교육사업(한국문화학교 운영), 다문화가정 상담을 비롯한 상담사업, 의료사업, 다문화가정 쉼

---

10) 제주도교육청 관계자와의 인터뷰내용에 의하면, 제주지역의 결혼이민자 자녀수는 125명(초등학생 107명, 중학생 15명, 고등학생 3명)이다. 이 통계는 일선학교를 통해 조사한 것이지만 다문화가정임을 숨기려는 가정도 있기 때문에 그 수는 더 많을 수 있다고 한다.

11) 제주외국인근로자센터는 이주노동자에 관심을 가진 종교계와 시민단체 관계자들이 주축이 되어 2002년 3월 26일 설립된 시민단체이다. 주로 이주노동자의 한국사회 적응을 돕기 위한 활동을 전개해왔는데, 외국인을 위한 평생교육기관으로 2004년부터 한국문화학교를 개설하여 운영하고 있다. 최근에 여성결혼이민자들이 급증하면서 이들을 위한 지원프로그램을 실시해오고 있고, 2007년 제주도로부터 결혼이민자가족지원센터를 위탁받아 운영해오면서 여성결혼이민자들을 위한 사업들을 해오고 있다.

터 운영, 인권향상을 위한 인권사업, 제주국제평화봉사단 등을 운영하고 있고, 평화활동가 육성사업을 중심으로 한 국제협력사업과 함께 추석명절 때는 제주다민족문화제를 주관하는가 하면 설 연휴 때는 외국인가족 페스티벌과 같은 절기행사를 개최해오고 있다.

다음으로 서귀포종합사회복지관을 들 수 있는데, 이 단체는 서귀포시를 중심으로 해 '결혼이민자 서귀포시민 거듭나기 지원사업'을 추진해오고 있다. 세부 추진사업으로는 교육사업(한국어교육, 가정적응교육, 정보화교육, 밑반찬 만들기 등), 상담사업(결혼이민자 및 가족대상 생활상담), 문화정서지원사업(영화관람, 가족체험학습, 도내문화탐방, 다문화가족 어울림 한마당, 김장 김치 만들기, 가족사진 제작 등), 결혼이민자 자조집단 육성(국적별자조모임), 홍보 네트워크 조성(리플릿 제작, 결혼이민자 지원사업 수행기관 단체와 네트워크 구축 및 정보제공), 취업알선사업 등이 있다.

서귀포외국인근로자센터는 제주외국인근로자센터가 위탁받아 운영해오고 있는 결혼이민자가족지원센터의 사업과 연계해 서귀포시에 거주하는 결혼이민자 지원 사업을 전개하고 있다. 최근에 주관한 사업으로 추석음식페스티벌이 있는데, 이것은 2007년 추석명절 행사로 결혼이민자들과 그 가족들이 각 나라의 명절음식을 만들어보는 체험행사로 기획된 것이다.

▲ 2007 제주다민족문화제(사진제공 : 제주의 소리)

▲ 2007 제주다민족문화제(사진제공 : 제주의 소리 · 양영자)

　서귀포시 여성회관에서도 한글교육 등 서귀포시의 여성결혼이민자들을 위한 행사를 실시하였다. 또한 제주서부종합사회복지관에서도 제주도 사회복지공동모금회의 후원을 받아 한글교육, 밑반찬 배우기, 출산·육아교육 등 자녀양육 및 교육사업, 건강가족캠프, 제주전통테마순례 등 프로그램 운영을 통해 여성결혼이민자의 한국생활 적응과 다문화가정을 위한 사업을 하고 있다. 이외에, 농협중앙회 제주도지부가 주관하는 친정부모 맺기 사업과 고향방문사업이 있다. 농협중앙회 제주도지부에서는 농촌 결혼이민자가 증가하고 있는 상황에서 이들의 복지증진을 목표로, 자체 예산을 편성해 여성결혼이민자와 한국여성의 친정부모 맺기 사업과 여성결혼이민자들이 자신의 고향을 방문할 수 있도록 지원하는 고향방문사업을 실시해오고 있다.

　이외에 가정폭력 등 인권적 문제를 중심으로 여성결혼이민자에 대한 지원활동을 전개해오고 있는 단체로, 제주여성인권연대를 들 수 있다. 제주여성인권연대의 상담소에는 6-7건의 가정폭력, 생활고 등을 겪고 있는 여성결혼이민자들의 상담의뢰가 있었는데, 이들에게 외상이 있는 경우 병원을 연계시켜주고 생활고를 겪고 있는 여성결혼이민자들에게는 해당 지역의 사회복지사를 연결해 이들이 복지수혜를 받을 수 있도록 해주고 있다(제주여성인권연대 상담소 관계자와의 인터뷰결과).

가정폭력문제로 여성결혼이민자의 상담의뢰를 많이 받고 있는 단체는 '결혼이민자가족지원센터'를 운영해오고 있는 제주외국인근로자센터이다. 제주외국인근로자센터의 경우 2006년도 총 118건의 상담의뢰가 있었다. 이혼 건, 쉼터 입소 건, 교육프로그램 문의 등 상담의뢰가 있었는데, 가정폭력으로 인한 상담의뢰가 많았고 2007년에도 가정폭력으로 인한 쉼터 입소 건이 2007년 상반기만 해 30건이나 되었다. 가정폭력문제로 상담의뢰를 한 여성결혼이민자는 중국(조선족 포함), 베트남, 필리핀 순으로 많았다(제주외국인근로자센터 관계자와의 인터뷰결과). 현재 가정폭력을 겪고 있는 여성결혼이민자들이 제주외국인근로자센터나 제주여성인권연대를 찾아가 상담의뢰를 하면, 단기간 '쉼터'에 입소하고 남편과 얘기를 해 남편에게 향후 폭력을 행사하지 않겠다는 각서를 쓰도록 한다. 이후 다시 남편이 폭력을 행사하고 여성결혼이민자가 이혼을 원할 경우 이혼에 관련된 절차를 알려준다. 또한 남편이 알코올중독으로 인해 상습적인 폭력을 행사할 경우 '알코올상담센터'에 보내 상담을 받도록 한 이후에 남편과 일정한 논의를 한다. 가정폭력이 심각해 여성결혼이민자가 이혼을 원하는 경우, 가정폭력법률상담소를 통해 이혼소송을 할 수 있도록 상담의뢰를 받은 단체가 도와주고 있다.

이상에서 살펴본 바와 같이, 최근 우리사회는 본격적으로 여성결혼이민자들을 위한 법적, 제도적, 정책적 장치들을 마련해가고 있는 상황이다. 그러나 여성결혼이민자들을 위해 정부와 지방자치단체 차원에서 지원을 하게 되면서 여성결혼이민자들을 위한 사업들이 자칫 실적 위주나 일회성 행사로 그칠 가능성이 커졌다. 더욱이 정부나 지방자치단체 사업들의 민간위탁이 이루어지면서 전문성을 갖지 못한 단체들이 사업을 일회성으로 전개할 가능성도 커졌다. 이와 함께 정부와 지방자치단체, 그리고 NGO들을 중심으로 한 여성결혼이민자들에 대한 지원활동이 주로 한국어교육, 한국요리교육, 한국문화교육 등 한국문화에 대한 여성결혼이민자들의 적응을 돕는 활동에 치중되어 있음을 알 수 있다. 즉 현재 정부와 지방자치단체, 그리고 NGO들의 활동에서 여성결혼이민자들의 남편이나 가족을 대상으로 한 프로그램은 거의 없다는 점을 문제로 지적할 수 있다. 여성결혼이민자들이 한국사회에 '적응'할 수 있도록 지원하는 활동도 중요하지만 문화적 다양성, 상대 문화에 대한 존중차원에서 남편과 시부모 등 여성결혼이민자들의 가족이 그들의 가족성원이 된 여성결혼이민자들의 문화를 이해할 수 있도록 돕는 프로그램이나 사업들이 마련될 필요가 있다. 이것이야말로 여성결혼이민자들을 진정으로 한국사회에 적응할 수 있도록 돕는 것이며, 제주사회, 나아가 한국사회가 진실로 다문화사회로 나아가기 위해 갖춰야 할 가장 중요한 기반이라고 본다.

제주도는 '국제자유도시'와 '평화의 섬'을 표방하면서 각종 정책을 추진해오고 있다. 이러한 제주사회가 진정한 '평화의 섬'이 되기 위해서는 제주에 사는 소수민족에 대한 배려와 평화문화, 다문화공생을 위한 지역기반구축이 필요하다. 따라서 제주사회 여성결혼이민자들에 대한 민관지원서비스사업과 지원네트워크의 구축은 아무리 강조해도 지나치지 않는다.

다문화사회,
지역사회기반 구축을 위하여

　여성결혼이민자는 자신의 삶과 꿈을 실현하기 위해 한국에 온 여성이다. 결혼과 이주는 그녀들에게는 자신의 삶의 질을 향상시키는 최선의 선택인 셈이다. 그런데 국제결혼에서는 제3세계 여성에 대한 비인간적인 억압과 차별이 담겨 있다. 즉, 한국인 남성과 외국인 여성의 결혼이 일반화되면서 세계 각국 출신의 여성, 그 가운데서도 특히 동남아와 중국을 비롯한 아시아개발도상국 출신으로 한국인 남성과 결혼한 여성결혼이민자의 사회적 위상과 삶의 현실에 드리워진 한국사회의 편견과 제도적 미완비, 그리고 상식으로 내면화된 차별과 억압의 문화가 그것이다. 국제결혼문제가 전적으로 개인에게 전가되어 있는 우리의 현실 또한 문제이다.

　좀 더 구체적으로 살펴보면, 여성결혼이민자들은 결혼중개업체의 잘못된 정보와 인신매매 형태의 알선업무로 인해 입국하기 전부터 인권이 침해되고 있으며, 한국어도 모른 채 대부분 빈곤가정으로 시집와 어려움을 겪는다. 이 연구의 조사대상 여성결혼이민자들 대부분도 마찬가지 상황에 처해 있음을 알 수 있다. 이들이 국제결혼을 하게 되는 과정은 대체로 아는 사람의 소개나 직접적인 만남, 종교단체나 결혼중개업체를 통한 방법이 가장 많다. 결혼중개업체의 경우 수요와 공급의 불균형 속에서 영리를 추구하면서 평균 1천만 원에서 2천만 원의 중개료를 요구해, 결혼하는 사람의 대부분이 결혼중개업체에 돈을 지불하고 있다. 제주의 한 결혼중개업체의 경우 1천2-3백만 원 정도의 돈을 받고 있다. 신랑이 돈을 지불하는 경우는 50%, 외국인여성은 18%, 양쪽 모두 지불하는 경우도 14%에 달해 영리목적으로 국제결혼을 중개하고 있음을 알 수 있다. 더욱이 보건복지부가 2005년도에 실시한 실태조사에서도 보듯이, 이들 결혼중개업자들이 사전에 전해 준 신랑에 대한 정보가 사실과 너무 달라(44%) 결혼생활을 실망감 속에 시작하고 있고, 잘못된 정보는 경제적 능력과 관련된 분야만이 아니라 연령차에서도 나타나 부부간 나이차가 10살 이상 나는 경우가 60%에 가깝다. 이 연구에서도 이를 확인할 수 있었다. 실제로 외국인 여성과 결혼한 한국인 남성의 상당수가 저소득층이거나 장애인 또는 혼기를 넘긴 고령자로 파악되었고 재혼자도 45.3%에 달한다. 최근에는 결혼중개업체들이 농촌총각에서 도시하층민과 장애인에게까지 그 대상을 넓히면서도 정확한 혼인당사자에 대한 정보를 제공하지 않아 문제가 되고 있다.

이러한 상황에서 경남 남해, 전남 해남 같은 지방자치단체는 국제결혼 커플에 평균 5백만 원씩 결혼비용까지 대주고 있다. 앞에서 언급한 바와 같이, 제주도도 2007년 4월 '제주특별자치도 국제결혼가정 지원에 관한 조례'를 제정하여 35세 이상의 미혼인 자가 국제결혼을 하면 제주도가 지원하겠다고 공표한 바 있다. 이 조례의 근본적인 문제점은 여성결혼이민자를 한국사회에 정착하려고 온 독립된 인격체가 아니라 저출산을 해결하기 위한 출산도구로 바라보고 있다는 점이다. 2007년 현재 제주지역에서 활동하는 국제결혼중개업체는 20곳이 넘는다. 이들이 이 조례의 실질적인 수혜자가 되고 그들의 상업적 결혼중개사업이 증대될 것은 불을 보듯 뻔하다.

한편, 여성결혼이민자들이 가정에서 겪고 있는 어려움 가운데 가장 큰 문제로는 언어소통, 문화갈등, 법적·제도적 문제, 경제적 사정, 자녀교육 등을 꼽을 수 있다. 특히, 언어차이로 인해 가정에서의 일상적인 의사소통문제가 있는 것은 물론, 시댁과의 문제나 제사나 예절 등 문화를 이해하는 데 있어 어려움이 있고, 언어문제는 다시 자녀교육에 어려움을 초래하고 있다. 이 연구의 조사대상 구술자들의 대부분도 자녀양육과 교육을 어려워하고 있고 걱정하였는데, 이에 대한 지원체계의 구축과 내실화가 필요하다.

그리고 여성결혼이민자들은 제주사회 속에서 성공하고 싶어하지만 시댁의 가족들은 가정살림을 잘 이끌어가는 며느리, 밭일을 잘하는 며느리를 원한다. 하지만 밀감농사나 마늘농사, 당근농사 등을 지어본 적이 없는 여성결혼이민자들은 일을 하는데 있어서 어려움을 호소하고, 이러한 모습을 여성의 시댁에서는 '일을 못한다.'는 식으로 일축해 버린다. 여성결혼이민자를 인격체가 아닌 한 명의 '일꾼'으로 바라보는 것은 물론, 일을 숙달하는 데 걸리는 시간조차 인정해주지 않는 것에서 어려움을 느끼고 있다.

결국 여성결혼이민자들을 위한 프로그램의 확대와 내실화도 중요하지만, 여성결혼이민자의 가족과 지역사회 자원의 관심과 지원이 필요하다. 이와 관련해, 한 여성결혼이민자는 "어떤 국가적, 지역적 차원의 지원보다 가족의 존중과 관심이 필요하다."고 구술했다. 여성결혼이민자가족 교육 관련 프로그램이 다양하게 마련될 필요가 있다.

앞에서 지적한 바와 같이, 여성결혼이민자들이 한국사회에 '적응'할 수 있도록 지원하는 활동도 중요하지만 문화적 다양성, 상대 문화에 대한 존중차원에서 남편과 시부모 등 여성결혼이민자들의 가족이 그들의 가족성원이 된 여성결혼이민자들의 문화를 이해할 수 있도록 돕는 프로그램이나 사업들이 마련될 필요가 있다. 이때 지역사회의 각 장(場)을 중심으로 한 다문화교육이나 인권교육은 무엇보다도 중요하다. 여성결혼이민자들의 가족 교육과 지역사회 차원의 수용성을 확대해나가는 방안이 필요하다. 덧붙여, 여성결혼이민자들이 한국생활에 적응하는 과정에서 겪는 정신적, 심리적 고민이나 문제들에 대해 상담해줄 수 있는 전문상담사의 양성과 교육, 그리고 이들의 상담소 배치가 필요하다(조사대상 구술자와의 인터뷰자료). 또한 여성결혼이민자는 한국의 법과 제도를 잘 모르는 것은 물론, 이혼 후 체류자격 문제, 이혼조정이나 재판을 할 경우 통역문제 등 복잡한 절차로 인해 어려움을 겪고 있다. 이에 대한 지원방안 마련이 절실하다. 여성결혼이민자가 한국에 체류하면서 취업하며 생활하는 데 관련되는 국내법으로는 '출입국관리법' '재외동포의 출입국과 체류에 관한 법률, '외국인 배우자에 관한 체류관리지침' 등이 있다. 이 법안들에 의하면, 외국인이 한국인과 결혼하면 그 외국인에게 '국민배우자' 비자를 발급받아 1년의 체류자격이 부여되며 이 기간이 만료되면 결혼이민자는 주소지 관할 출입국관리사무소에 배우자와 동행하여 체류기간 연장신청을 해야 한다. 국적취득과 관련한 사항과 체류연장과 관련된 모든 행정절차가 한국인 배우자 또는 시댁식구의 동의나 배우자의 신원보증, 경제적 요건 등이 필수적이기 때문에 국제결혼으로 이주해온 결혼이민자의 합법적 국내체류여부가 한국인 배우자에게 달려 있어서 배우자에 대한 종속을 심화시키고 있고 불평등한 부부관계가 형성되기도 한다. 게다가 많은 여성결혼이민자들이 농어업에 종사하고 있으며 경제적 어려움을 겪고 있다. 관련 법적, 제도적 정비가 필요하다.

　제주는 지역과 국가 그리고 세계와의 교류를 확대하는 '국제자유도시'와 인권과 희망이 숨 쉬는 '평화의 섬' 구현을 지역의 미래상으로 천명한 바 있다. 이러한 측면에서도 여성결혼이민자를 포함한 이주민에 대한 배려와 다문화공생이 어느 곳보다 절실한 실정이다. 국제자유도시를 향한 첫걸음은 배타성의 극복이며 평화의 섬을 이룩하기 위해서는 한국사회의 새로운 구성원으로 자리잡아가고 있는 여성결혼이민자들과 이주민들의 문화다양성을 존중하면서 사회적 통합을 이뤄나가는 다문화정책이 필요하다. 제주사회 통합의 한 부분으로, 제주지역민으로 살아가고 있는 여성결혼이민자들이 제주사회에 적극적으로 참여할 수 있는 방안에 대한 모색이 필요한 때다.

최근 제주에서는 시민사회뿐만 아니라 지방자치단체 차원에서도 결혼이민자 문제에 능동적으로 대처하기 위해 여러 사업들을 전개해오고 있다. 여기서 중요한 것은 여성결혼이민자의 인권과 권익보호일 것이다. 여성결혼이민자를 우리사회의 당당한 구성원의 한 사람으로 존중해야 하며 이들의 시민적 권리를 보장해야 한다. 특히, 여성결혼이민자들에 대한 인권침해가 결혼절차에서부터 발생한다는 점에 주목한다면, 국제결혼동기와 경로가 먼저 개선되어야 한다. 여성결혼이민자의 거주권을 보장하기 위해서라도 국제결혼중개업체에 대한 정부나 지방자치단체의 감독체제 정비가 필요하다. 동시에 여성결혼이민자와 그 자녀의 권리를 보장하기 위한 범국민적인 인권교육과 캠페인이 필요하다. 인권이란 무엇을 할 수 있는 권리만이 아니라 무엇을 당하지 않을 권리도 포함하는 만큼, 이주와 출생 시부터 시작되는 여성결혼이민자들과 그들의 자녀에 대한 차별을 예방하기 위해서는 대국민적인 인권교육이야말로 가장 절실하고도 근본적인 대책이 될 것이다. 특히 놀림과 왕따 등 구체적인 인종차별이 시작되는 유아원에서부터 지속가능한 인권교육을 실시해야하며, 각 지방자치단체나 대학의 부설교육기관은 물론 반상회 등을 통해서도 평생교육으로서 인권교육이 병행되어야 한다. 늦었지만 2007년 들어 제주도교육청이 다문화가정 자녀의 교육 지원과 일반학생들의 다문화이해교육 강화를 위한 다문화·국제이해 교육자료 개발을 위해 자료개발팀을 구성해 추진 중에 있는 것은 다행스러운 일이다.

　무엇보다도, 여성결혼이민자에 대한 우리사회의 인식전환이 필요하다. 여성결혼이민자는 자신의 생활세계 속에서 스스로 판단하고 선택하는 행위자로 살고 있고 자신의 삶에 주관적 의식과 비전을 담고 있다. 여성결혼이민자들 다수는 자기 삶을 개척하고자 경제적인 이수로 결혼을 신댁힌 사람들이다. 이들에 대해 우리사회의 한쪽에서는 돈을 주고 사왔다는 인식이 존재하고 다른 쪽에서는 그들을 평범한 주민으로 보는 것이 아니라 시혜의 대상으로 도움을 줘야 한다는 인식을 갖고 있다. 이렇게 상반된 인식이 공존하고 있는 것이 우리의 상황이다. 이러한 현실에서 "이주여성, 그들은 우리와 함께 살고 있는 주민입니다." "결혼이민자를 우리와 다른 존재로 바라보는 시각을 버리고 그저 평범한 우리 주변의 이웃으로 받아들여야 합니다."라는 한 시민단체 대표의 말이 마음 속 깊이 여운을 남긴다. 여성결혼이민자들을 보호하고 지원하려는 '시혜'적 성격이 강한 일련의 정책 속에서 여성결혼이민자에 대한 또 다른 인권침해와 차별이 발생할 수 있다는 점도 숙지해야 할 것이다.

참고문헌

김민정·이혜경·유명기·정기선. 2006, "국제결혼이주 여성의 딜레마와 선택: 베트남과 필리핀 아내의 사례를 중심으로", 『한국문화인류학』 39(1).

김은실. 2002, "지구화, 국민국가 그리고 여성의 섹슈얼리티", 『여성학논집』 19.

김은실. 2004, "지국화시대의 성매매 이주여성, 국민국가, 그리고 시민권", 최 협 외 편, 『한국의 소수자, 실태와 전망』, 한울.

김이선·김민정·한건수. 2006, 『여성결혼이민자의 문화적 갈등 경험과 소통증진을 위한 정책과제』, 한국여성정책연구원.

김정태. 2005, "농촌지역 결혼연령 성비분석과 국제결혼의 의의", 「2005년도 한국사회학회 전기 사회학대회: 한국사회의 지구화와 근대성」.

김현미. 2004, "'친밀성'의 전 지구적 상업화: 한국의 이주여성 엔터테이너의 경험", 『여성이론』 가을호.

김현미. 2006, "국제결혼의 전 지구적 젠더정치학: 한국 남성과 베트남 여성의 사례를 중심으로", 『경제와 사회』 70.

박선영. 2006, "이주여성과 그 자녀의 인권", 『저스티스』 96.

박재규. 2005, "국제결혼이주여성의 농촌지역 정착과 지원방안", 「2005년도 한국사회학회 전기 사회학대회: 한국사회의 지구화와 근대성」.

설동훈 외. 2005, 『국제결혼이주여성실태조사 및 보건·복지 지원 정책방안』, 보건복지부.

성지혜. 1996, "중국교포여성과 한국남성간의 결혼연구", 대구효성카톨릭대 여성학과 석사논문.

손학순. 1980, "정신과 환자를 통해 본 한미교차결혼의 문제점", 중앙대 석사논문.

신경림 외. 2004, 『질적 연구방법론』, 이화여자대학교 출판부.

신란희. 2005, "국제결혼 여성의 가족, 일 그리고 정체성: 우즈베키스탄과 필리핀 여성의 생애사 연구", 서울대 인류학과 석사논문.
여성가족부. 2006, 『국제결혼부부교육 프로그램개발 및 교육결과 보고서』.
여성가족부. 2005·9, 『여성결혼이민자의 한국문화와 결혼생활 정착지원 발표』.
왕한석·한건수·양명희. 2005, 『국제결혼이주여성의 언어 및 문화적응 실태연구』, 국립국어원.
염미경. 2003, "전쟁연구와 구술사", 『전쟁과 사람들: 아래로부터의 한국전쟁연구』, 한울.
염미경. 2005, "여성의 전쟁경험과 기억: 좌익관련 여성유족의 구술생애사", 『정신문화연구』 28(4), 한국학중앙연구원.
염미경. 2006, "지방사연구에서 구술사의 활용현황과 과제", 『역사교육연구』 98, 역사교육연구회.
윤형숙. 2004a, "외국인 출신 농촌주부들의 갈등과 적응: 필리핀 여성을 중심으로", 「2004년도 한국여성학회 10월 심포지엄 자료집」, 한국여성학회.
윤형숙. 2004b, "국제결혼 배우자의 갈등과 적응." 최 협 외 엮음, 『한국의 소수자, 실태와 전망』, 한울.
윤형숙. 2005, "외국인 출신 농촌주부들의 갈등과 적응: 필리핀 여성을 중심으로", 『지방사와 지방문화』 8(2).
이선주 외. 2005, 『세계화와 아시아에서의 여성이주에 관한 연구』, 한국여성개발원.
이수자. 2004, "이주여성 디아스포라: 국제성별분업, 문화혼성성, 타자화와 섹슈얼리티", 『한국사회학』 38(2).
이승애. 2006, "한국사회에서의 혼혈여성(Amerasian Women)의 경험을 구성하는 젠더와 인종에 관한 연구", 이화여대 여성학과 석사학위논문.
이주여성권센터, 2004(11.26), 「이주의 여성화와 국제결혼: 이주여성인권센터 창립3주년 심포지엄 자료집」.
이혜경. 2004, "혼인이주와 혼인이주 가정의 문제와 대응", 『한국인구학』 28(1).
이혜경·정기선·유명기·김민정. 2006, "이주의 여성화와 초국가적 가족: 조선족 사례를 중심으로", 『한국사회학』 40(5).
임안나. 2005, "한국남성과 결혼한 필리핀 여성의 가족관계와 초국가적 연망", 서울대 인류학과 석사논문.
전수현. 2002, "필리핀 노동자와 결혼한 한국여성의 주변적 지위", 서울대 인류학과 석사논문.
조성원. 2000, "외국인노동자와 노동계층 한국여성의 결혼사례를 통해 알아 본 새로운 마이너리티의 형성 및 재생산", 한양대 문화인류학과 석사논문.
제주특별자치도. 2007, 「결혼이민자가족 생활실태 및 욕구 전수조사 결과」.
하밍 타밍. 2005, "1992년 이후 한국과 베트남 사이의 국제결혼에 대한 연구", 서울대 국제대학원 석사논문.
한건수. 2006a, "농촌지역 결혼이민자여성의 가족생활과 갈등 및 적응", 『한국문화인류학』 39(1).
한건수. 2006b, "민족은 국가를 넘을 수 있는가", 『황해문화』 51.
한건수 외. 2006, 『결혼중개업체 실태조사 및 관리방안 연구』, 보건복지부.
한국염. 2004, "이주여성의 여성화와 국제결혼에 대한 여성사회학적 분석", 「이주여성인권센터 3주년 기념심포지엄 자료집」.
한국염. 2006, "여성결혼이민자의 현황과 과제", 「제1회 결혼이민자가족지원센터 종사자 업무회의 및 워크숍자료집」.
홍기혜. 2000, "중국 조선족 여성과 한국남성간의 결혼을 통해 본 이주의 성별정치학", 이화여대 여성학과 석사논문.

Clifford, James. 1992, "Travelling Cultures." in Grossberg, L., C. Nelson and P. Treichler eds.. Cultural Studies. London: Routledge.

Constable, Nicole. 2003, "A Transitional Perspective on Divorce and Marriage: Filipina Wives and Workers." Identities: Global Studies in Culture and Power 10: 163~180.

Hugo, Graeme. 2002, "Effects of International Migration on the Family in Indonesia." Asian and Pacific Migration Journal 11(1): 13~46.

Kwon, Young Hee. 2005, "Searching to Death for 'Home'?: A Filipina Immigrant Bride's Subaltaern Rewriting." NWSA Journal 17(2): 69~85.

Lan, Pei-chia. 2003, "They Have More Money but I Speak Better English!": Transitional Encounters between Filipina Domenstics and Taiwanese Employers." Identities: Global Studies in Culture and Power 10: 133~161.

Piper, Nicola and Mina Roces, ed. 2003. Wife or Wokers?: Asian Women and Migration, Rowman & Littlefield Publishers, INC.

Rosaldo, Renato. 1995, "Foreword to Garcia Canclini." in Canclini, N. Garcia. Hybrid Cultures: Strategies for Entering and Leaving Modernity. Austin: University of Texas Press.

Suzuki, Nobue. 2003, "Transgressing "Victims": Reading Narratives of "Filipina Brides" in Japan." Critical Asian Studies 35(3): 399~420.

UNESCO Office Beijing
Institute of Social Sciences of Cheju National University

Female Marriage Immigrants in Jeju Island, Korea
- Choices, Dilemmas, and Adjustments

Mi-Gyeung Yeum
and Kyu-Ri Kim

Foreword

Gender rights must become an integral part of basic human and cultural rights. And this lesson must be learnt by all human beings, irrespective of their gender, right from the childhood.

Report of the World Commission on Culture and Development
Our Creative Diversity, UNESCO, 1996, p.278.

Given its mandate, UNESCO is expected to play a major role in advocating and affirming women's rights, and gender rights more broadly, through its work in education, science and social and human sciences, culture and communication. In particular, UNESCO's Social and Human Sciences Sector (SHS) works for the improvement and promotion of human rights as well as gender equality and development. To better understand why women in so many parts of the world still suffer from discrimination today, SHS conducts research on social institutions, cultural practices and legal frameworks. It mainly focuses on economic, social and cultural rights and on major obstacles to their full enjoyment. SHS's program on gender equality and the human rights of women has a strong and consistent commitment to eliminating all forms of discrimination, particularly through the education of women and women's participation in social transformations.

One of UNESCO's objectives is to advance and share knowledge about the gendered aspects of globalization and help promote mechanisms that strengthen the positive aspects and consequences of globalization, especially with respect to cultural diversity. UNESCO recognizes that acceptance and recognition of cultural diversity are conducive to dialogue among civilizations and cultures, respect and mutual understanding.

Within this framework, UNESCO Office Beijing (representative to Democratic People's Republic of Korea, Japan, Mongolia, People's Republic of China and Republic of Korea) conducted a research project on "Cultural Conflicts and Support Networks among Female Marriage Immigrants in Jeju Province, Korea" in partnership with the Institute for Social Science Research, Cheju National University. The research, conducted by Professor Mi-Gyeung Yeum and her team, investigated socio-economic conditions and rights of female immigrants, and devised relevant policy recommendations based on research finding to strengthen the legal, economic and social position of female immigrants from P.R China, Philippines, Vietnam and Mongolia to Korea.

I hope that this book will gain support and recognition from relevant people in all disciplines, and greatly contribute to our joint effort in improving female marriage immigrants' rights and respecting cultural diversity in Jeju, Korea.

Karin CZERMAK
Acting Chief for Social and Human Sciences
UNESCO Office Beijing
18 December 2007

Koreans generally consider their society to be an entirely homogenous space, consisting only of people that share similar appearance. However, expatriate workers and other internationals with different skin colors and appearances have increasingly surfaced in Korean society since the 1990s. Koreans now recognize diverse skin colors and appearances and are familiar with cultural differences. The increase in international marriages and the 'feminization of migration' (the increasing number and proportion of immigrant women) are among the most conspicuous aspects of diversification that inform us of these changes to Korean society.

The foreign women who come to live in Korea may be divided into three broad classifications (Park Sun-Young, 2006; Lee Su-Ja, 2004): 1) the group engaged in regular work or non-regular work, 2) the group engaged in the sexual industry under the guise of service industry (Art Performance visa E-6 or the performing artist visa), and 3) the group of prospective wives who come into Korea by way of international marriage (National Spouse visa F2-1) as administered by the regional government or a marriage agency. These three types indicate a widespread phenomenon worldwide, but the women who immigrate by way of international marriage show a special characteristic of present day Korean society in particular. This situation may have resulted from the family planning program launched in the 1960s as well as the traditional notion of preferring a son to a daughter. The reality of female marriage immigrants emerged since the number of women of marriageable age was insufficient and highly-educated Korean women were reluctant to live in farming and fishing villages. It is a new phenomenon in Korean society, one that has caused everyday encounters between Korean and other international cultural groups to become a reality in the local community, at school, in the workplace, and at home.

In this way, the female marriage immigrants who moved to Korea through marriage with a Korean play the role of introducing cultural influences that previously did not exist in Korean society. As a result of their migration, they are also confronted with various problems, such as the danger of the violation of human rights within the marriage process and the anxiety of being alienated from various institutional benefits. Marriage immigrants are not able to gain full qualifications as Korean citizens even after marriage. As a result, they are expected to endure one-sided patience and adjustment to their situation. Without acknowledging the cultural gap between society and within the family, these factors may lead to isolation.

This situation may well be reflected in Jeju Island, a location where international marriage is pervasive. Some 3,500 immigrants coming from a variety of nations live in Jeju at present. The cases of international marriage are as diverse as the originating countries of the women, which range from Japan, the Philippines, and Thailand to Mongolia, Vietnam, and Uzbekistan. Some even come from the Chinese-Korean ethnic group. As of August 2007, there are 766 marriage immigrants on Jeju Island, including 357 Chinese (including Chinese-Korean ethnical group included), 165 Vietnamese, 79 Japanese, 58 Filipina, 27 Taiwanese, 16 Thai, and 64 others (from the USA, Russia, Mongolia, Uzbekistan and Nepal). These numbers are expected to increase, year after year, in present Korean society. The female marriage immigrants' situations are varied, depending on their hometown, the husbands' social status and their domestic residential area.

The increase of multi-cultural families in Jeju Island through international marriage means that various foreign cultural elements are gaining recognition in Jeju society. In spite of this, Jeju lacks a social and political infrastructure for supporting marriage immigrants and their children, and the views and attitudes towards admitting and accepting multi-cultural development are often negative. There remains significant prejudice against marriage immigrants and their children.

In this book, we address this issue by trying to express the thoughts of 'foreign' women who opted for migration by marriage, in particular the female marriage immigrants who live in Jeju, focusing on their life stories and transitions into Korean society, as well as their dilemmas, discord and adjustments. In this book, we attempt to record some characteristics of the backgrounds of these 'foreign women' and some statements on their motives for moving to Jeju. We use the life story approach on their experiences to accomplish this goal. In this book, we further assume that migration through international marriage is the best choice for these foreign women desiring to improve their quality of life, and that their choices are independent acts. In their life stories, we can see both the cultural conflicts that these women face, as well as their personal identity conflicts as they attempt to adjust to and integrate into Korean society. This book illuminates the lives of female marriage immigrants from Asia by retelling the story of their lives.

Collection of oral data was undertaken from July to October 2007. Subjects of this investigation were selected from a number of female marriage immigrants who participate in the programs operated by Jeju Migrant Workers' Center and Social Welfare Center of Seogwipo City, using a sampling method called snowball sampling. After obtaining information from the samples, mainly the female marriage immigrants participating in programs of at the two centers, other female marriage immigrants who fit the requirements of the inquiry were also selected. This method of investigation allowed the sample size to expand gradually, which was important because of the difficulty of approaching female marriage immigrants in Jeju area and the lack of prior information on potential subjects. We chose those who belong to the centers and who also get some degree of support from their husband and the husband's family, which includes those who participate in the programs conducted by the national and local governments and non-governmental organizations. Consequently, female marriage immigrants who may be experiencing situations of extreme violation of human rights were inevitably excluded from the sampling process for oral data collection.

More specifically, this study selected female marriage immigrants from Asia as the subject of research. In selecting female marriage immigrants for oral data collection, we considered their migration course, their residency period, their hometown, and their possible Korean nationality acquisition, as well as presence of a child and experiences with divorce. The prevalence of divorce among international married couples is increasing, and we take into consideration the divorce cases brought about by domestic violence. The research shows how their interpretation of life has changed, the circumstances they dealt with, and their recognition of this situation.

A final consideration of the selection process was length of residency in Korea. As some of the interview subjects had only just arrived in Korea, they had not yet fully faced the complex reality of life as a marriage immigrant in Jeju. We include their stories in the life storybook in order to create a comprehensive picture of the life situations of Jeju's marriage immigrants, though their stories lack, to an extent, the depth of those of other interviewees.

As it is, selected interviewees for the research include 5 from China, including 2 from the Chinese-Korean ethnic group, 4 from the Philippines, 2 from Vietnam, and 2 from Mongolia. An audio recorder and a camera were set up at the site of the interview, which was then recorded and photographed.

This book is divided into three sections. The first section is an introduction, presenting background necessary to understanding the life storybook of the female marriage immigrants of Jeju, the research process, and the characteristics of the inquiry subjects. The second section presents a compilation of the female marriage immigrants' statements, sorted according to their country of origin, almost exactly as recorded in the interview. In the third section, the research team offers its recommendations for enhancing the national and local governments' support services for female marriage immigrants, strengthening the support network of civil society, and improving public opinion of multi-cultural society. In order to gain as wide a readership as possible, we have also included in this edition an English translation of this entire text.

Though this research incorporates only a very small sampling of data, we have endeavored to present the stories of marriage immigrants to the public, and are grateful to the financial support of UNESCO Office Beijing and the Institute for Social Science Research of Cheju National University. We express our gratitude to Ms. Karin Czermak and Ms. Eun-Kyoung Koh of the UNESCO Office Beijing and Seok-Eon Song, director of the Institute of Social Science Research of Cheju National University. We also wish to thank Ms. San-Ok Kim, director of Jeju Center for Marriage Immigrants Family Support (inside Jeju Migrant Workers' Center) and Ms. Jeong-Hyun Lee of Social Welfare Center of Seogwipo City, as they helped in the selection of inquiry subjects and assisted in the oral data collection of this research. We also express our gratitude to Ms. Cher Ann Tabuzo and Ms. Carly Cohen for their proofreading and review of this book.

This book is made in the interest of the female marriage immigrants, in the hopes of stimulating additional related research on their situation. Once again we appreciate the efforts of the Sunin Press for publishing this book.

Mi-Gyeung Yeum
Author
Cheju National University, Korea
January 2008

Contents

Foreword

Preface

Part 1 Introduction

Raising the Issue: the 'Foreign' Women Who Chose a Marriage Decision ▎193

1. Why Should Narratives of Female Marriage Immigrants' Experiences be Recorded? _ 193
2. The Subjects and the Approaches to the Research _ 199
3. Characteristics of the Narrators _ 205
4. The Format of the Book _ 208

Part 2 Narratives of Female Marriage Immigrants' Experiences

Women from China ▎211
Women from the Philippines ▎273
Women from Vietnam ▎303
Women from Mongolia ▎315

Part 3 Living with 'New' Koreans in a Multicultural Society

Support Networks among Female Marriage Immigrants ▎333

1. Local Governmental Support Services in Jeju Province _ 333
2. Network of Civil Society _ 342

Building the Foundations for a Multicultural Society ▎349

Part 1 Introduction

Raising the Issue: the 'Foreign' Women Who Chose a Marriage Decision

Raising the Issue :
the 'Foreign' Women Who Chose a Marriage Decision

1. Why Should Narratives of Female Marriage Immigrants' Experiences be Recorded?

The foreign women who come to live in Korea may be divided into three broad classifications (Park Sun-Young, 2006; Lee Su-Ja, 2004): 1) the group engaged in regular work or non-regular work, 2) the group engaged in the sexual industry under the guise of service industry (Art Performance visa E-6 or the performing artist visa), and 3) the group of prospective wives who come into Korea by way of international marriage (National Spouse visa F2-1) as administered by a local self-governing body or a marriage agency. These three types indicate a widespread phenomenon worldwide, but the women who immigrate by way of international marriage show a special characteristic of the present Korean society in particular.[1] This situation may have resulted from the family planning program launched in the 1960s as well as the traditional notion of preferring a son to a daughter. Since the number of women of marriageable age was insufficient and highly-educated Korean women were reluctant to live in farming and fishing villages, the reality of female marriage immigrants emerged. It is a new phenomenon in Korean society, one that has caused everyday encounters between Korean and other international cultural groups to become a reality in the local community, at school, in the workplace, and at home.

The number of female marriage immigrants who entered Korea through marriage and are currently living in the country reached 55,408 as of April in 2006. Many come from developing countries in Asia, mostly from China and Southeast Asia, including those from the Chinese-Korean ethnic group (Korean Administrative Autonomy Department, 2006). Our social situation may well be reflected in Jeju Island, which is experiencing pervasive international marriage.

⟨table 1-1⟩ Aliens registration in Jeju province

Qualification/Nationality	Total	Taiwan	China	Japan	US	Canada	Philippines	Indonesia	Russia	Mongolia	Bangladesh	Vietnam	Others
Total	3,343	285	1,589	163	215	85	139	128	31	84	20	302	302
D-2 (studying abroad)	232	5	188	7	0	1	0	0	2	9	3	4	13
D-3 (industrial training)	626	0	445	0	0	0	12	52	0	7	10	39	61
D-6 (religion)	26	0	0	2	17	0	3	0	0	1	0	0	3
D-8 (enterprise investment)	9	0	0	3	1	0	0	0	1	0	0	0	4
E-1 (professor)	13	0	5	2	2	0	0	0	2	0	0	0	2
E-2 (conversation leading)	228	0	17	11	104	65	0	0	0	0	0	0	31

1) The term 'female marriage immigrants' was adopted formally by the Korean government in April 2006. In previous studies, the terminologies 'international marriage female immigrant,' 'foreigner housewife,' and 'immigrant woman' were all used. In this research, we also utilize 'female marriage migrants'.

E-6 (art and entertainment)	98	0	49	0	0	0	9	0	2	15	0	0	23
E-7 (specific activities)	46	0	25	2	3	1	0	0	1	5	0	0	9
E-8 (training job)	403	0	190	0	0	0	21	76	0	24	1	19	72
E-9 (unprofessional employment)	140	0	60	0	0	0	1	0	0	2	0	62	15
F-1 (visit stay)	139	10	44	31	41	2	0	0	0	0	0	1	10
F-2 (residence)	94	90	0	1	1	0	0	0	0	0	0	0	2
F-2-1 (spouse)	786	4	389	80	19	12	65	0	9	3	0	174	31
F-3 (joint)	55	1	1	0	22	3	0	0	4	1	5	2	16
F-5 (Permanent residence)	204	174	3	21	1	1	1	0	2	0	0	0	1
Others	244	1	173	3	4	0	27	0	8	17	1	1	9

· Other countries: Australia, New Zealand, Uzbekistan, Sri Lanka, Thailand, Cambodia, Pakistan, United Kingdom and India.

· Material : Jeju Immigration Office, Ministry of Justice (2007-03-31).

According to Jeju Immigration Office at the Ministry of Justice, some 3,500 foreigners of various nationalities currently live in Jeju. The cases of international marriage are as diverse as the originating country of each person, ranging from those from Chinese-Korean ethnical group, to those who came from Japan, the Philippines, Thailand, Mongolia, Vietnam, and Uzbekistan. (See ⟨table 1-1⟩) As of April 2007, there are 766 marriage immigrants on Jeju Island, including 357 Chinese (including Chinese-Korean ethnical group), 165 Vietnamese, 79 Japanese, 58 Filipina, 27 Taiwanese, 16 Thai, and 64 others (from the USA, Russia, Mongolia, Uzbekistan and Nepal). The female marriage immigrants who had acquired Korean nationality total 182: 144 Chinese, 22 Filipina, 7 Japanese, 4 Vietnamese, 2 Taiwanese, and 3 others.

On the other hand, divorce cases are also increasing as the number of international marriages increases. The divorce rate increased 31.7%, from 60 couples in the previous year compared to 79 couples a year after. The total divorce figure also increased 1.3% among the international couples: from 3.6% in 2005 to 4.9% in 2006. Among them, for Jeju resident-Korean husbands with Chinese wives, the number of divorce cases was 50; for Chinese, 34 cases (68.0%); for Japan and the United States, 3 cases (6.0%); and for Vietnam, 7 cases (14.0%). The number of divorces of those with Chinese wives was high, as the number of marriages to Chinese wives was higher in comparison with other countries. International marriage also showed a high increase in divorce rate among marriages to Vietnamese wives (25 April 2007 〈Jejusori〉).

Because of their diverse backgrounds, female marriage immigrants introduce various cultural influences that previously did not exist in Korea into the cultural spectrum of Korean society. The female marriage immigrants are confronting various problems brought about by their marriage and migration. In addition to the danger of their human rights being violated in the marriage process, the women also bear constant anxiety resulting from their alienation from various institutional benefits. Indeed, even after marriage, many of these female immigrants do not gain Korean citizenship. Female marriage immigrants are expected to endure one-sided patience and adjustment to the situation, leading them to experience isolation as they face the cultural gap between society and the family.

There is considerable existing research on international marriage, which can be roughly divided into two groups. One is the collection of damage cases and accompanying research on the measures accomplished by human rights organizations on the plight of international marriage women. The other is a collection of academic research coming from social welfare science, anthropology and women's studies. This presents an opportunity to elevate the problem of international marriage women to a social level. We can divide the academic research into the following: 1) studies on marriage between foreign men and Korean women and 2) studies on marriage between Korean men and foreign women. There are marriage studies of First World men and Korean women (Son Hak-Sun, 1980) as well as that of Third World men and Korean women (Jo Seong-Won, 2000; Jeon Su-Yeon, 2002). A study on foreign women who married Korean men began in the year 2000 and is constantly being updated.

The Korean government started to take an interest in female marriage immigrants in 2005. The study accomplished by Seol Dong-Hoon (ed., 2005) and the survey of the actual conditions of international marriage agencies (Han Gun-Su, 2006) are worthy of attention. These studies expose the problems of international marriage women in Korean society. These are also preceded by a survey on female marriage immigrants' extent of language acquisition and cultural adaptation conducted by the National Korean Center (Wang Han-Seok ed., 2005). In addition, studies on Korean language competency conducted on female marriage immigrants and their children are also preceded by an actual condition survey conducted by the related Korean government departments. This topic has also been covered in certain master/doctoral theses, among them studies on marriage between women from the Chinese-Korean ethnic group and Korean men (Seong Ji-Hye, 1996; Hong Gi-Hye, 2000); marriage between Korean men and Filipino women and Uzbekistani women (Shin Nan-Hee, 2004; Lim An-Na, 2005); and marriage between Korean men and Vietnamese women (Haming Taming, 2005). There are also studies on Filipino women who married Korean men in Jolla-do, Korea (Yoon Hyung-Sook, 2004a, 2004b, 2005), on the present state of international marriage migration and family problems in international marriages (Lee Hye-Gyoung, 2004; Lee Hye-Gyoung ed. 2006), and one study on international marriage problems in a rural area (Kim Jeong-Tae, 2005; Park Jae-Gyu, 2005; Han Gun-Su, 2006a, 2006b). There is another study by Kim Min-Jeong (ed., 2006), which analyzed the dilemma, circumstances and the problems involved in the choice of marriage migration (2006) from the viewpoint of Asian woman who married Korean men. Finally, a few studies analyzing marriage migration from a feminist viewpoint are also available (Kim Eun-Sil, 2002, 2004; Lee Su-Ja, 2004; Kim Hyun-Mi, 2004, 2006).

As mentioned above, the majority of domestic research on female marriage immigrants has been developed to serve political needs. The studies were conducted in order to reveal the present state of marriage immigrants' actual conditions, incorporating concepts of globalization, supranational policies and the feminization of migration (the increasing number and proportion of immigrant women).

This research endeavors to start an emotionally in-depth and systematic study on the life of the female marriage immigrants in a local community. It has been accomplished in Jeju Island by looking into the lives of female marriage immigrants from Asia. More specifically, we present the life stories of the women from Asia who moved to Jeju society through international marriage, along with the actual state of public and private support service systems and the network of civil society. In this study, we will illustrate real cultural encounters between female marriage immigrants and Jeju society. There have been no previous studies on the status of female marriage immigrants in Jeju nor have there been any investigative reports or academic studies that dealt with the social problems of Korean female marriage immigrants. This research, therefore, is an attempt to advance the current state of academic study as well as to catalyze further political action.

2. The Subjects and Approaches to the Research

1) The subject of study and the method

The primary purpose of this research is to gain an understanding of the legal and economic situations and the living and subjective worlds of female marriage immigrants. In particular, this research examines the underlying structure of international marriages and the migration experiences revealed by the life stories of female marriage immigrants. The target group of the research is female marriage immigrants in Jeju province, in relation to the support policies and services of local self-governing bodies catering to the female marriage immigrants, public institutions, non-governmental organizations (NGOs), and civil societies working for the female marriage immigrants. These groups include: Marriage Immigrants Family Support Center, the Office of Education (that promotes intercultural understanding and education), the "Cyber Relaxation Place" of Jeju city (managed, for the female marriage immigrants, by the Social Welfare Center of Seogwipo City), the Head Office of the Agricultural Union in Jeju province, the Jeju Foreigner Peace Community, the Jeju Migrant Workers' Center, and the Han Bit Women's Shelter.

More specifically, this study targets female marriage immigrants from Asia who are living in the Jeju area. We found that marriage and migration became the best option for the female marriage immigrants toward improving the quality of their lives. Hence, the motive to choose an international marriage choice and actual life experience in Jeju are included in their stories, along with their adjustment to life in Korea and the possibility of alleviating the problems confronting them.

We collected oral data from female marriage immigrants from July to October 2007. At the same time, we reviewed relevant literature and collected statistics to understand the present state of female marriage immigrants in Jeju. The selection method for the investigation subjects among female marriage immigrants will be tackled next.

For the collection of oral data from July to October in 2007, the inquiry subjects were selected using the snowball sampling method[2] from among the female marriage immigrants who participate in the programs administered by the Jeju Migrant Workers' Center and the Social Welfare Center of Seogwipo City. After a preliminary round of selection, other female marriage immigrants who fit the description of the research subject were also selected. The

---

2) The term 'snowball sampling,' which refers to the accumulated collection sampling method, derives from the analogy of a snowball growing larger and more stable as it rolls down a hill. Snowball sampling is used when it is difficult to approach or gather prior information regarding research subjects.

snowball sampling method was effective in this study because of the difficulty in approaching female marriage immigrants in Jeju area and the lack of prior information on the inquiry subjects. The method of inquiry for the research allows a gradual expansion of the number of subjects. In the end, the subjects included five Chinese (including two from the Chinese-Korean ethnic group), four Filipinos, two Vietnamese, and two Mongolians.

We chose those who get some degree of support from their husbands and the husbands' families, which includes those who participate in the programs conducted by the Korean government, the local self-governing body and the citizen group support. Hence, this sampling process for oral data collection inevitably excludes female marriage immigrants who may be experiencing extreme violations of human rights.

As mentioned above, this study focuses on female marriage immigrants from Asia. In selecting female marriage immigrants for oral data collection, we included those who have considered their migration course, their residency period, their country of origin, and their acquisition of Korean nationality, as well as the presence of a child and the experience of divorce. The prevalence of divorce among international married couples is increasing, and we take into consideration the divorce cases brought about by domestic violence. This research reveals how marriage immigrants' interpretations of life have changed, the circumstances they dealt with, and their recognition of their situations. We prepared an audio recorder and a camera and recorded the interview session with the subjects and took pictures (except when the interviewee did not wish to have her picture taken). In this book, photos are not included for interviewees who declined to be photographed or those who wished their photos not to be included in the book. Some photos of the other female marriage immigrants are included in this book.

After the recorded interview sessions, we composed the life story of female marriage immigrants based on a system of classification guided by fixed standards, while attempting to preserve the original interview to the greatest extent possible. The next step was immersing the research subjects in the activities of public institutions, such as government sections, local self-governing bodies, non-governmental organizations, and citizen groups that administer support programs for the female marriage immigrants and help them in local community adaptation and social integration.

2) Inquiry process

This research is part of a concerted research effort, under the UNESCO Office Beijing, on the economic, social and cultural rights of migrants, with emphasis on female migrants. The theme of this research is 'Cultural Conflicts and Support Networks among Female Marriage Immigrants in Jeju Province, Korea.' This research was undertaken by Mi-Gyeung Yeum and Kyu-Ri Kim of Cheju National University, Korea.

Data collection spanned from July to October 2007. During this period, the research team visited Jeju province, public institutions, some citizen groups, and other organizations. The interviews were in-depth, with oral data collected mainly from the female marriage immigrants, themselves.

The first step was interviewing the members of the Jeju

local government and NGOs in order to better understand local action and initiatives for the support of marriage immigrants. The 'Jeju Marriage Immigrant Family Support Center' was established in October 2006 as the section of women policies of Jeju. The management of this Center was entrusted to an area NGO, the Jeju Migrant Workers' Center, in 2007. The next step was investigating the public institutions and the NGOs that manage the programs and concerns for marriage immigrants. Lastly, the research team engaged in the collection of oral data to explore the lives of the female marriage immigrant chosen by snowball sampling. Most interviews were conducted at the Jeju Migrant Workers' Center; some took place at restaurants or coffee shops near the homes of the female marriage immigrants.

For the interviews with female marriage immigrants, we drafted interview guidelines and, at the conclusion of each interview, recorded the interviewee's selection method and the interview date, time, location, and other circumstances, and any problems that were encountered. This basic data included the following: interviewee's address, current place of residence in Jeju Island, country of origin and hometown, family background and location of family members, age of husband, educational background, occupation, present family structure, as well as whether or not the husband/wife has children and whether or not the interviewee has gained Korean citizenship, and any other particular questions raised during the discussion. Since the female marriage immigrants we interviewed were not fully proficient in the Korean language, we utilized translators during the interviews for Chinese and Mongolian immigrants. Ms. Kim Jin-A assisted in our interviews with Chinese marriage immigrants, and our Mongolian interviewees benefited from the assistance of Nyam Su-Rung, a Mongolian graduate student. On the whole, those women who recently settled in Jeju by international marriage are not proficient in Korean, and sometimes a translator was not available during the interview. In theses cases, the research team endeavored to complete the interview by themselves.

In collecting oral data from female marriage immigrants, the researchers utilized an in-depth interview questionnaire that focused on the life story in the interviewee's hometown, life in Jeju, and the cultural differences – language, family and community, food, the roles of men and women – as we gathered their stories regarding discord experiences, their wishes and dreams. Firstly, we observed similarities in motive for international marriage. We also traced the process of their family structure and education, from birth to adult life in their hometown. Secondly, we concentrated on the problems that the women faced and the details of their experience as female marriage immigrants living in Jeju. In particular, we focused on the cultural differences experienced by the female marriage immigrants, including the difficulties that these cultural differences brought and the ways in which the women adapted to the cultural differences. Lastly, we delved into the wishes and dreams of the female marriage immigrants in Jeju.

Oral data recorded from female marriage immigrants was discerned directly by our research team. The recording of interviews concluded in October 2007. When we selected interview subjects, a diverse range of nations of origin was a significant consideration. Except for those from the

Chinese-Korean ethnic group or Filipina residing in Korea for many years, many of our interview subjects lacked Korean language proficiency. For this reason, we asked for an interpreter's help in gathering the stories of the female marriage immigrants.

In some instances, since the interview subject's Korean proficiency was very low, the interview was short. We include these interviews in the storybook in order to create a fuller picture of the immigrant experience.

3. Characteristics of the Narrators

The research team interviewed a total of 15 female marriage immigrants. By snowball sampling, we gathered five Chinese, including two from Chinese-Korean ethnical group, four from the Philippines, two from Vietnam, two from Mongolia. The table below reveals the social and economic background and the migration course of female marriage immigrants ⟨table 1-2⟩.

⟨table 1-2⟩ social and economic background and migration course of interviewees

Name	Residence	Hometown Area/Country	Marriage Year	Age	Education	Age of Husband	State of Marriage	Job of Husband	Migration Course
Jung, Hae Gi	Jeju city	Shanghai, China	2006.11	26	University graduate	32	First marriage	Heavy equipment engineer	Met her husband through internet chat
Chen, Kuan Hsing	Jeju city	San-dung, China	2007.6 (Entrance) 2008.3 (Wedding Ceremony)	28	University graduate	35	First marriage	Package Delivery men	Met her husband by friend's introduction, her parents objected to the marriage

Name	Residence	Hometown Area/Country	Marriage Year	Age	Education	Age of Husband	State of Marriage	Job of Husband	Migration Course
Wang, Hui	Jeju city	Guilin, China	2005.11	28	Junior high school graduate	37	First marriage	Office worker	Met her husband by friend's introduction
Seo, Dong Min	Jeju city	Harbin, Heilongjiang, China	2007.7 (Entrance) 2007.11.2 (Wedding Ceremony)	27	Moddle school graduate	40	First marriage	Apartment management officer	Met her husband through a Chinese marriage agency cost was paid by her husband.
Hua, Ping	Jeju city	Harbin, Heilongjiang, China	2006.12	28	Junior high school graduate	40	First marriage	Car mechanic	Met her husband through a Chinese marriage agency
Lee, Hee Ok	Jeju city	Yanji, China (Chinese Korean ethnical group)	2004	41	Junior high school graduate	43	Divorced /2nd marriage	A farmer	Met her husband through introduction by an acquaintance
Cho, Ok Ran	Jeju city	Jilin province, China (Chinese Korean ethnical group)	2003.6	32	University graduate	39	First marriage	Car mechanic	Met her husband through introduction by a friend's mother; Korean citizen
Marisa	Seogwipo city	Leyte, Philippines	1997	35	Did not complete high school	42	First marriage	Environmental beautification	Met her husband through Unification Church in 1997; Korean citizen
Merin	Seogwipo city	Mindanao, Philippines	2007.4	25	High school graduate	37	First marriage	A town officer	Got married through a marriage agency
Neonalin	Seogwipo city	Baguio, Philippines	2005.3	26	Did not complete university	47	First marriage	Taxi driver	Met her husband through a marriage agency
Lia	Jeju city	Negros, Philippines	1999.9	27	High school graduate	37	First marriage	Antique processing industry worker	Met her husband through introduction by an aunt who is married to a Korean; Korean citizen
Pung	Jeju city	Bin Rong, Vietnam	2005.12	31	Elementary school graduate	44	First marriage	Karaoke /Video Singer	Met her husband through introduction of friend who is married to a Korean man
Mai	Jeju city	Hanoi, Vietnam	2005	22	High school graduate	37	First marriage	Computer repair/ sale	Met her husband through introduction by an elder sister who is married to a Korean
Jiche	Jeju city	Khovsgol Mongolia	2007	32	Graduate from a university	41	First marriage	Construction firm	Met her husband while working at a Mongolian hotel
Kim, Misu	Seogwipo city	Arhangai, Mongolia	2006.3	29	Did not complete university	44	First marriage	Korea Horse Affairs Association	Marriage between two employees of the company

Four out of 15 people interviewed got married through marriage agencies, while one person's marriage was arranged through the Unification Church. Six of the interviewees met and married their Korean husbands through introduction by a friend or acquaintance; four got married after falling in love, having met through Internet chat or in the workplace. All except for two interviewees were married after 2000. We discovered that except for the one person whose Korean husband is her second marriage, all of the interviewees were married in their twenties. Almost all reported that their husbands were more than 10 years older than they were.

Before marriage, several interviewees reported having work experience in their home country. Their jobs varied from nurse and nursing aide, to working for a newspaper, to factory worker, restaurant employee, and hotel worker. Among the interviewees, 4 are currently employed. 1 (Chinese-Korean ethnical group) is employed at an NGO; 1 (Chinese) is employed part-time at a skin care beauty salon; 1 (Filipina) is employed as a janitor, and another 1 (also Filipina) is a daycare center teacher.

Regarding the educational background of the female marriage immigrants interviewed, 4 graduated from the university, 2 dropped out of university before graduation, 3 graduated from high school, 1 did not complete high school, 4 graduated from junior high school, and 1 graduated from elementary school. Female marriage immigrants usually have reasonably high educational backgrounds. There were no interviewees whose families opposed their marriage to a Korean, except for one woman, the Chinese university graduate formerly employed at a newspaper company.

4. The Format of the Book

This book is divided into three sections. The first section is an introduction, presenting background necessary to understanding the life storybook of the female marriage immigrants of Jeju, the research process, and the characteristics of the inquiry subjects. The second section presents a compilation of the female marriage immigrants' statements, almost exactly as recorded in the interview. Some interviews include the real name and picture of the interviewee. In other cases, the interviewee did not wish for her real name or photograph to be revealed. A pseudonym was substituted and photographs were not taken in these instances. We ordered the interviews into sections by country of origin, starting with Chinese (including Chinese-Korean ethnic group), and then the Filipina, Vietnamese, and Mongolians. In the third section, the research team offers its recommendations for enhancing the national and local governments' support services for female marriage immigrants, strengthening the support network of civil society, and improving public opinion of multi-cultural society. In order to gain as wide a readership as possible, we have also included in this edition an English translation of this entire text.

Part 2 Narratives of Female Marriage Immigrants' Experiences

Women from China
Women from the Philippines
Women from Vietnam
Women from Mongolia

Women from China

Jung, Hae Gi
Chen, Kuan Hsing
Wang, Hui
Seo, Dong Min
Hua, Ping
Lee, Hee Ok
Cho, Ok Ran

Jung, Hae Gi

· born in Shanghai, China
· 26 years old
· worked for a dental facility for foreigners after graduating from a Chinese nursing university
· met her husband through Internet chatting
· got married to her husband in November, 2006, and lives in Jeju city
· her husband works as a heavy equipment engineer
· gave birth to a son in August, 2007
· is slightly concerned about communication and food adaptation

Family circumstances and work

My grandmother and my parents are in China. I am the only child. I graduated from a nursing university in Shanghai. Before coming to Korea, I worked as a dental hygienist at a dental surgery facility. My best memories from China are from when I entered a Chinese hospital in 2002. I also particularly remember my transfer to another hospital for foreign professionals.

Meeting my husband and deciding to have an international marriage

I met my husband through MSN chat; it has a marriage service site, a site where men and women can meet. My husband visited Shanghai to meet me. My husband did not speak Chinese, but English. Meeting me for the first time, he spoke in English using an English dictionary, but he did not use any English after we married. I learned and speak much Korean now. I can carry on a conversation in Korean. But I sometime consult a dictionary. When we first met, my husband looked for a dictionary. (Laughter)

In October 2005, I came to Korea; it was a month before I got married. My husband had only come to see me in Shanghai in October 2005. Other than that, we spoke only through the MSN site.

My parents were really worried when I told them, "I'm getting married to a Korean." They said, "Don't go away. Don't go away." When a problem arises, I cannot settle it by talking with my mom or dad. And my parents do not understand Korean culture or the Korean way of life at all. They wanted to stop me from marrying a foreigner, so were very worried about me.

Chinese women who choose marriage with Korean men

These days, in Shanghai there are no marriage agencies for Chinese women who want to marry foreign men. However, it is common elsewhere, especially in the countryside. Here at Jeju Migrant Workers' Center, my Chinese classmates came to Korea through introductions by brokers from a marriage agency in China. For \ 6,000,000 (about $ 6,400), the marriage agency introduces them to Korean men. The agency receives money both from women in China and from the Korean men.

My friends enjoy their lives in Korea because living conditions in Korea are better than in China. Sometimes, though, friends of mine who have marriages resulting from dating have had a hard time. If they have any problems, they cannot divorce easily.

Married life, the husband's family and childbearing

I had my wedding ceremony in Shanghai, there was no ceremony in Jeju. After getting married, I lived a little while in Shanghai before moving here. My husband came to Shanghai, and we stayed there from August to November. We then came to Korea together. In Korea, when I was two months in my pregnancy, I could not eat well. I was in great pain, so I went home to China and stayed there for two months.

I had a baby boy on August 7 in 2007. My parents came to visit us here in Jeju. My parents stayed for a short while. After I gave birth to my baby, I asked them to come and stay for three months. My husband, my baby, and my parents are living in our house together until now. My parents have to work in China, so they have to leave again sooner or later. My father-in-law lives in Jeju. My mother-in-law passed away already. My husband is the only son. My mother-in-law passed away when my husband was very young. My father-in-law lives alone. He is so kind to me. I am not a Korean citizen yet.

The marriage decision, language problems, and the cultural differences and discord

I got married in November in 2006. I cannot speak Korean well. I studied Korean for three months before coming to Korea. I did not know much about Korea before marriage. I knew where Korea was, but I did not know what kind of country it is. I had treated some Korean people at the hospital. I thought, "Korean ladies are so stylish!" I admired them. I like Korean women. Women from Seoul and Jeju are almost the same.

A friend of my father-in-law met another father-in-law, who asked, "Why did you choose a Chinese daughter-in-law? Why not a Vietnamese?" At that time, I could not speak Korean, but I find it insulting. When my baby had an ailment and went to a hospital, I could not speak Korean well. So, it was very difficult.

I have learned a little Korean, but it is still a problem. I do not eat Korean food, though. It smells so strong. I still eat Chinese food, and my husband likes Chinese food, too.

Chinese men are helpful with many domestic chores, and men and women in China are equal in every aspect. In Korea it does not seem to be that way. My husband says that the house "for a man is heaven, for a woman is earth." I want my husband to change his thinking. I did not want to adapt to his way. I often fight with my husband many times about this. I try my best to understand my husband. He has changed a little, too.

It is difficult because I am not a Korean citizen yet. I cannot speak Korean well, and the language is very hard for me. Whenever I go to the market, I do not understand the old women's accents. Here, older women seem to ignore me. I'm a foreigner, so they say, "Hey! Where did you come from?" I have a young looking face, and sometimes I feel like a child because they treat me like one."

Adjustment to life in Jeju

I have been going to the Jeju Migrant Workers' Center since 2007. I do many things there, such as taking Korean lessons and cooking lessons. I'd like to learn to drive, too. I take buses to the Center. I would like also to learn more about Korea, in addition to Korean language education and cooking. I would like to learn many things, such as how to put on make-up. I would like to learn trivial things like this, but I do not know where I could learn them.

Jeju is so beautiful! I love the sea. I can see the ocean from my house. I love the air and water. Sightseeing is also very good here. I often take excursions. The junior and senior high school students in Jeju often take excursions at school, but other residents look at it as a waste of time, especially when the housework is not done yet. (Laughter)

(Here) I do not often meet Chinese people. But I am getting along well with my close friends. The person who gives me the most help is a Filipino. She helps me to adapt to life in Jeju. She has been in Korea for seven years. She does not often speak Korean. She also spends most of the day at home. She still speaks only English. She cannot speak Korean well.

Wishes and dreams

Almost everyday I do the housework and look after my son, and then I go to the Jeju Migrant Workers' Center, just to go out, or buy something and meet someone. My husband does not want me to work now. He said, "After learning Korean, then it's okay to get a job. If you have a job now, you will have a hard job." In the future, I would like to work in tourism. I would like to work as a tour guide or at a tourist center.

At the Jeju Migrant Workers' Center, it is a priority for me to learn Korean language first. After I master Korean, I would like to study more about tourism. I want to go to university and go to graduate school after that.

In the future, I wish Jeju would have more counseling programs to help reduce the psychological burden of life as marriage immigrants. Now, I meet with my friends in order to alleviate stress, but I wish there was another way. Sometimes I feel stifled, and this has changed my personality.

When I'm feeling down, I try to talk with my husband, but it's still hard for us to communicate. I cannot talk about it with my parents-in-law, either. Since I can't solve my problems through talking to my family, I wish that the government would provide support services to help marriage immigrants.

Chen, Kuan Hsing

- pseudonym
- born in Shandong, China
- 28 years old
- worked at a newspaper company after graduation from a newspaper/broadcast related university in China
- met her husband through a friend's introduction; her parents objected to the marriage
- entered Korea in June, 2007, the wedding ceremony will be in March, 2008 and lives in Jeju city
- resides with her husband (35 years-old, employed at package delivery service) and mother-in-law
- experienced communication difficulty with husband's family

Birth, the family and work

I am 28 years old. I come from Shandong, China. I lived in Shandong until I left to come to Korea. I have no religion. I have a younger sister. I graduated from a university in China. I majored in broadcast journalism. I got married in June this year. I worked at a newspaper-planning department in China.

From meeting with a Korean man to international marriage

I met my husband in September of last year through a friend who got married to a Korean. My husband is 35 years old and works for a package delivery service. I met him, fell in love, got engaged, and came to Korea without hesitation. At home, my parents strongly opposed our marriage. I told them, "I want to go to Korea." My parents generally respect my decisions, so they later consented. They said, "Korean men seem to be different." And "Korean men drink a lot of alcohol." They told me a lot about Korean men. Eventually, they said, "Since you have decided to go to Korea even after hearing our opinion, we will respect your decision." But, "The result of your choice is your responsibility." Before getting married, I hardly knew anything about Korea. I saw Korea on TV, but I did not know much about the country. There was no wedding ceremony. I just came to Korea. Our official wedding ceremony will be in March of next year. I cannot believe that I am married.

Married life: husband's indifference, discord with mother-in-law and the cultural differences

I did not study the Korean language or Korean culture until I met my husband and got married. I came here and still have to learn more about many things. It has been hard for me living in Jeju without having studied Korean in China before. Yesterday, I said to my husband, "We have nothing to eat, why don't you order or buy something?" He just ignored me and went out and came home drunk. In another instance, he promised that he would buy clothes for me. But he didn't. He seems to have no interest in me. We mix English and Korean when we speak to each other. Actually, I do not use English that often, but whenever I speak in English, my husband understands almost everything. I asked about buying clothes for my parents. My father also asked my husband to buy appropriate clothes for me since the weather is changing. But, my husband has not bought me any clothes.

I have no economic power at all. My husband gives me just ₩10,000 (about $11) for one week. Sometimes I don't have lunch so that I can live on ₩10,000 for whole week. I spend the money he gives me on public transportation. He doesn't give me any other money because he does not have much money, himself. I like corn porridge and ate it often in China. One day, I went out to the market with my mother-in-law. She said, "Do not buy that because it is very expensive."

Korean men often look enigmatic, without any expression

on their faces. But I do not find Korean men to be so indifferent because of that. Before getting married, when I said I wanted something to eat, my husband would buy almost any food that I asked for. After getting married, he has changed completely. My mother-in-law's attitude has changed, too. Before I got married, she said "I will treat you like my real daughter. I will treat you very well." So, I came to Korea, but it isn't like that at all.

One day, my husband got drunk and hit me. My mother-in-law could not stop him. The counselor at the center asked my husband, "Why did you hit your wife?" He said, "My wife lost her temper, so I beat her." He hit me only this once. We fought again a few days ago. At that time my husband told me, "If you do this again, I will send you back to China." So, I went to my friend's house with my bags packed. My husband didn't call to find me or try to look for me until late in the evening.

I live with my mother-in-law and my husband in Jeju. I have no father-in-law. My husband's younger brother is in Seoul. He works there. He has never been to see me. He will visit Jeju in Chuseok (Thanksgiving Day).

I hardly talk with my mother-in-law. Even if she speaks to me, it is only briefly. "Hang the laundry" or "Do the dishes." She thinks that her daughter-in-law cannot speak Korean correctly; my mother-in-law has not spoken to me seriously since I got married. My friends gave me clothes to wear. They gave me these clothes I have on. I came to Korea in summer before the weather became cold, but my mother-in-law has not bought winter clothes for me. My friend also gave me pants and other clothes.

My mother-in-law is 59 years old. I wonder, do Korean mothers-in-law think differently of Korean daughters-in-law than foreign daughters-in-law? At home, my mother-in-law gives the biggest cup of milk to my husband. Then, she gives me a small cup. There is a dog at my house. My mother-in-law never asks me, 'What would you like to eat?' nor buys me snacks. But she often buys snacks and food for the dog. At home, my mother-in-law is first and my husband is second, the dog is third, and I am fourth. This is because the dog has been in our house longer than me. I just came here recently and I am not so important.

My husband tries to make it better for me, but my mother-in-law criticizes him for his kindness. Since this hurts my husband's feelings, he often drinks alcohol before coming home from work. After that one time when my husband hit me, we talked and went to a grocery store together. There, he bought me clothes, food, and cosmetics. And he told me "Don't tell my mother that I bought these things for you." Another time, he made 'Kimbap' [Korean sushi rolls] for me. We went to the market and bought some ingredients and bottled water. My mother-in-law got extremely angry about that.

Life is very different between China and Korea, and there is a lot of stress here. I feel sad. I am depressed. I can't eat spicy food at all. I just don't think it tastes good. I can't eat any of the dishes here. My mother-in-law suspects that I am eating something outside the house. She is always suspicious. Because I do not eat much at home, she thinks that I am buying something to eat elsewhere.

The interest of husband and his family is most important

I think that as an immigrant family, it is especially important to make efforts to communicate with each other. Actually, the most important is that my mother-in-law and my husband should take more interest in how I am doing. Instead of asking me, "Are you feeling well?" or "Do you want to eat Chinese food?" sometimes they ask, "What did you eat outside that made you full?" Because I often go to my friend's house and have a meal there. More than any kind of government support, I need to feel respected. Another time, when I was washing the dishes, my mother-in-law would sometimes call me, "Come quickly." Washing the dishes only takes a short while. But she says, "What's taking you long? When I call just come and do it at once."

Adjustment to life in Jeju

I loved my husband and came to Korea. If I earned a lot of money or if I don't earn that much money, it doesn't matter, as long as I have enough money to cover basic expenses. I really love my husband. I do not want to divorce. I never want to divorce. I just would like to live apart from my mother-in-law. I really love my husband. My life was fine in China, but I still chose to come to Korea because I love my husband so much.

I get up at 5:30 every morning. My mother-in-law gets up then. My mother-in-law works. Korean people get up early and do not eat bread in the morning. Chinese people like eating bread in the morning. My mother-in-law scolded me when she saw me making bread using the Chinese way of cooking one morning. Though I am an extrovert, I have changed into an introspective character at home. My mother-in-law worries that I sneak away to meet with other people outside. I talk with my parents in China through MSN once a week. My husband told me to call my parents only twice a month now because it is expensive and he thinks that it will only make me miss my family in China more.

Wishes and dreams

Though I graduated from university, and worked at a newspaper company, there seems to be no positions for me here in Jeju. I do like independence, and would like to find some work.

Wang, Hui

- pseudonym
- born in Guilin, China
- 28 years-old
- met her husband through friend's introduction
- thought her husband would treat her better because he is a person with disabilities and determined on marriage
- got married in November, 2005 and lives in Jeju city
- lives with her husband (37 year-old, public officer), their 13 month-old baby, her parents-in-law, a brother-in-law, and her husband's grandmother
- no major problems except the difficulties of raising a child by herself

Life in China

I am 28 years old, born and raised in Guilin, China. I graduated only junior high school. My family consists of my mother, my father, two younger sisters and a younger brother, all living in China. I'm the eldest. I worked at an office in China.

Marriage with a Korean with disabilities

As part of Korean Wave [Korea's pop culture spreading across Asia], a friend of the Korean ethnic group in Yanji city asked me if I was interested in marrying a Korean man, and introduced us. My husband is a disabled person. He was stricken with polio. I found out that because of his disabilities he had difficulty finding a wife, and I thought he might treat me kindly during our married life. Some people said, "You are a silly person", but I think I am lucky. My husband is a very nice person, and we have a baby now.

Married life, husband's family, communication problems and cultural conflict

I live in ○○[3], Jeju city. My husband works at a town office. He is a public officer. He is 37 years old. I came to Korea in November 2005. Before coming to Korea, I knew nothing about the place. I had heard only a little about Korea, though I had seen a lot of Korean people in China.

---

[3] In order to protect the privacy of the interview participants, in this and all subsequent instances of "○○", the name of the place/person has been removed.

My parents-in-law live on the 1st floor with my brother-in-law who is still single, and a grandmother. I live with my husband (and our baby) on the 2nd floor. Everything is OK. They are so kind. Everyone treats me well.

Life here has been very different from life in China, and speaking Korean has been a burden. I don't mind eating Korean food. But, it is really difficult to speak Korean. My husband cannot speak Chinese. He speaks Korean when we communicate with each other. And when talking with my husband's family, I speak with gestures. Chinese men usually help their wives a lot with family affairs. But, Korean men are different. Also, my parents-in-law do not look after my baby. … In the Chinese tradition, all of the older relatives take great interest in caring for babies.

My friends do not know that I have married a Korean. I do not contact my friends often. After I came here, I have never been back to China. My parents would like to come to Korea and work here. I invited them last year, but they only stayed for three months because it was not possible to extend their visas. And they are elderly people, so they worry about whether or not they are still able to work and whether they can be hired in Korea.

Wishes and dreams

I would like to learn to drive. I would like to learn the Korean language, look for work and live a full life. I can't become a Korean national yet, but I will apply for it soon. The most difficult thing is that my husband drinks so much alcohol, and I worry about his temper when he drinks. He tells me that he is sorry whenever he drinks, but I can't help but worry about him. He has never treated me badly after drinking.

My parents-in-law said, "Have another child!" (Laughter) I would like to learn Korean quickly so that could talk with my husband and his family comfortably and express my feelings well.

Seo, Dong Min

- born in Harbin city, Heilongjiang province in China
- 27 years-old
- worked as a factory worker after middle school graduation in China
- met her husband through a Chinese marriage agency. Both paid for the marriage agency cost
- wedding in November, 2007 (arrived in Korea in July, 2007) and lives in Jeju city
- husband works for an apartment management office (40 years-old)
- difficulty in adjusting to cultural differences

Life in China

I come from Harbin city, Heilongjiang province, in China. I am 27 years old. I came to Korea two months ago. I was born and lived my whole life in Harbin city. My family consists of my mom, dad, elder sister, younger brother, and then two elder sisters and a younger brother who are already married. I graduated from junior high school. Until coming to Korea, I worked at a factory.

Marriage through a marriage agency: from meeting to decision

On July 20th of this year, I came to Korea through a marriage broker. My husband is 40 years old and works at an apartment management office. My husband submitted an international marriage application in a marriage agency. A broker of the marriage agency in China asked whether I wanted to go to Korea. I agreed, and got married to a Korean man. We haven't had wedding ceremony yet. It will be on November 2nd. My husband and I will live here. I have a mother-in-law. My father-in-law and mother-in-law divorced earlier. My mother-in-law lives in the countryside by herself now. My husband has an older brother. He lives in Seoul. I have not seen him yet, but I have spoken to him.

We both had to pay the marriage agency service fee. The marriage agencies between Korea and China are connected. I paid marriage expenses to the marriage broker in China, and my husband paid marriage expenses to a Korean broker.

Before getting married, my husband visited China for six days to see me. I met my husband for the first time on April 6th. For three months, we kept in contact with each other through letters and telephone calls. Before coming to Korea, I did not know anything at all about life here. While in China, I just watched Korean TV shows, but life here is very different from how it seems on TV. Actually, Korean lives shown in dramas are better. The reality is very different from the Korea described very prettily in dramas.

I started to learn Korean after I met my husband. I have studied Korean for about two and a half months. Before coming to Korea, I imagined Korean life from Korean dramas. When trying to get married, I tried to learn more about Korea through the Internet. Korean dramas are popular in China. I like them very much. I particularly like the actress Chang Na Ra—she is in "Winter Sonata", "A Love Walk", and "Stairway to Heaven", also "A Cat in the Penthouse" and so on.

Five years ago, people in Harbin thought that people who try to come to Korea through marriage agencies are strange. But today, it is much more common, so immigrating to Korea through marriage is not considered that weird anymore.

When I was still in China, I heard about other people going to Korea through a marriage agency, and I heard about many problems. Actually, I heard about both bad cases and good cases. There are many people from Chinese-Korean ethnic group in China, and many that I talked to wished very much to come to Korea. They think

'Korea is good' because they watched lots of Korean dramas, so they talked well about Korea and would like to come here, too. But, Korea also has a bad reputation in China. "Koreans drink too much alcohol", "Korean men hit their wives", "Korean men smoke too much", and so on. However, there is more good talk about Korea than bad.

Husband and mother-in-law, and becoming familiar with them

My husband and I communicate with each other mainly in Korean. My Korean is very limited and my husband corrects me if I make any mistakes. When I don't know the words in Korean, I use Chinese words. My husband only knows very few Chinese words, so if he cannot figure out the meaning, he will look up the Korean translation of the Chinese words on the Internet. My husband understands in his own way.

My mother-in-law and I have a good relationship. At first it was a little distant, but we are closer now. In China, when a future daughter-in-law visits the husband's parents for the first time, the parents dress up nicely and are very hospitable. However, it is not the case in Korea.

I am a Chinese, but my mother-in-law and neighbors don't treat me as a stranger. Of course, I don't know what they are really thinking. But, they are so friendly.

When my husband is not busy, I ask him to help me with the housework, and he is very helpful. I visited my mother-in-law's house during the day on Chuseok (Thanksgiving

Day). I also visited her farm and worked there yesterday. (Laughter) I visited twice to help my mother-in-law.

Cultural differences and adjustment

Korean culture is very different from Chinese in many ways. There are many different complicated social rules in Korea. For example, I have to bow every time I greet others, which we don't do in China. The food is also very different. There are many spicy dishes in Korean food, and Koreans do not use a lot of oil when they cook. When making a stir-fry dish, my husband does not like using much oil. But, I like Korean food and my husband likes Chinese food, too.

Life in China and Korea is very different. My close friend got married to a Korean man. Since my friend's mother-in-law and my mother-in-law know each other, my mother-in-law and I both went to the wedding.

While my mother-in-law was eating, I didn't eat, I just stayed beside her. My mother-in-law told me to go chat with my friend, but I didn't; instead, I stayed at the table with my mother-in-law. When she was finished eating, I cleaned the table. After cleaning the table, my mother-in-law looked angry. I couldn't figure out what was bothering her. Later, she told me that my cleaning the table lost her face. It is not considered polite to help cleaning at a friend's wedding in Korea.

My mother-in-law gets very angry over trivial things. When I asked her why she got angry at my friend's wedding, she got even angrier. She said, "While I am eating, don't stay near me, you should take care of the bride. And don't help clean the tables where wedding guests are eating." I replied, saying, "It's not that big of a deal. I don't understand why you are angry?" But she was very angry. In China, if you are close to the bride, then you can help clear the tables. Why did my mother-in-law scold me? I don't understand.

Living in Korea is generally fine with me except that I cannot speak Korean. My husband does not force me to practice Korean culture. I stick to Chinese culture.

I contact my family in China once or twice a week. It is quite often, I think. I would like to call everyday! But that's a waste of money. My husband tells me to call home often.

Wishes and dreams

(My daily life) I get up in the morning, make breakfast, go to the Jeju Migrant Workers' Center, study, come back home, and clean the house. Usually, I stay at home.

My Chinese family and relatives cannot stay in Korea for more than three months. Getting a visa is not easy for Chinese. And, a special reason is needed for issuing a visa. On the other hand, the Chinese-Korean ethnic group can easily get a visa that exceeds one year.

I want to live an ordinary life like this. I don't wish to make my life better or special. I just want to have good relationship with my husband. When I become fluent in Korean, I hope Korean people would treat me like them.

Hua, Ping

- born in Harbin city, Heilongjiang province in China
- 28 years-old
- worked at a beauty salon after junior high school graduation in China
- met her husband through a Chinese marriage agency
- got married in December, 2006 and lives in Jeju city
- lives with her husband (40 years-old, a car mechanic)
- Parents-in-law live in the countryside and there is a little discord with her husband's family due to cultural gap

Life in China

I am 28 years old. I was born in Harbin. Now I live in ○○, Jeju city. I was born in Harbin and lived there all my life. My elder sister, my younger brother and my parents are still in Harbin. My two elder sisters and my younger brother are all married. After finishing junior high school in China, I worked at a beauty salon. I don't work now. ⋯ I guess that's all⋯

From arranged dating to international marriage

I came to Korea 10 months ago, in December 2006. The wedding ceremony was in Jeju. My husband is 40 years old. He works at an auto repair shop.

I came to Korea through a friend who also got married through a marriage broker. The marriage broker asked my friend, "How would you like to marry a Korean man?" The marriage broker in Korea knows my husband well and he knows a broker in China, too. We met through the brokers.

We met for the first time in June. Six month later, I came to Korea, and we got married in December 2006. Before I came to Korea, we communicated mainly through the telephone. I originally planned to come to Korea in November, but I had to postpone it until December because my visa was delayed.

My husband came to Harbin to meet me. At that time he stayed for three days. After he went back to Korea, we talked on the phone. It was pretty easy to talk to my husband. I can speak Korean a little, enough to survive. My husband understands me. I speak simple sentences or only a few words and he understands what I mean.

Married life: husband's family, cultural differences and adjustment

My husband and I live alone in ○○, Jeju. My parents-in-law live on a farm. My husband has five siblings. He is the second-oldest son. I met my husband's brothers and his other family members in Seoul.

Before coming to Korea, I watched a lot of Korean dramas. While preparing to get married, I searched about Korea on the Internet. I tried to understand Korea. The Korean dramas make Korea look good in China. I like Korean drama very much.

I went to see my father-in-law and mother-in-law at Chuseok (Thanksgiving Day). We prepared many dishes. It was difficult. I cooked for seven hours with the wives of all my husband's brothers.

Living in Korea is very different from China. My mother-in-law prepared a meal, and she told me, 'Come quickly and eat.' I was late, and my mother-in-law got angry. I thought, it is a common thing, but for her, it's a big deal.

I cook Chinese food a lot. My husband likes Chinese food and often eats it. There is not much conflict with my husband about food. I'm still not used to Korean food.

My father-in-law and mother-in-law are good to me. At first, we had some difficulties. I mentioned before about my mother-in-law getting angry after I didn't come to eat fast enough. Also, when doing meal preparations, my husband locks himself up in the room without helping. This is not the way in China. At that time, I complained about his behavior, and my mother-in-law scolded me. Even now, I don't really understand. Things like this are trivial for Chinese, but Korean people seem to care a lot about such minor details. And when the wife does housework in China, the husband helps with everything. Here things are different, and one day I got frustrated with my husband about that. After I confronted him, my husband became really helpful to me. However, when my mother-in-law is here, I cannot make my husband do that, probably because my mother-in-law would get angry if she saw. I don't understand why my husband is so obedient to my mother-in-law.

People around me don't treat me badly because I am a Chinese. In fact, they are nice to me.

Wishes and dreams

Here in Jeju, I work at a skin care shop twice a week. My husband's friend manages the shop. It is a part-time job! I don't have a baby now, but I plan to have one.

I wish I could live in China ⋯ with my husband. I've talked to my husband about it. He said that he thinks that is good idea, too. I don't know what my father-in-law and mother-in-law would think, though ….

I wish it were easier for my family and relatives to visit here. To get a visa and visit Korea is easier for the Chinese-Korean ethnic group, but for other Chinese it is very difficult.

My husband has a friend who is married to another Chinese woman. They have been friends since childhood. My husband introduced me to his wife and now we have become friends.

Lee, Hee Ok

- pseudonym
- born in Yanji city, China (Chinese-Korean ethnical group)
- 42 years old
- had a part-time job after junior high school graduation in China
- met her husband (43 years old, a farmer) through the introduction of an acquaintance who had known her for 3 years
- 2nd marriage: got married at 28 years-old and divorced, her son lives in China
- got married in 2004 and lives at Jeju city
- lives with her husband and her parents-in-law, both of whom are sickly
- burdened with nursing and caring for her sick parents-in-law

Initial refusal to be interviewed

Even if I don't use my real name, everyone who hears my story will know who I am. I don't really feel comfortable getting interviewed, but I trust ○○, so I am willing to speak. If my husband reads this, I think I will have even more trouble. [The interviewer investigator explains the purpose of the study to persuade the interviewee to continue.]

Because I am an immigrant, my situation is different from what a Korean woman would face. Maybe if I understood Korean culture more, I would be able to accept my situation. …. [The interviewer encourages her to continue.] The Korean language is so hard, because even if I already know the word [as a Chinese-Korean], the way it is used in the Jeju dialect is different. For example, right after coming to Jeju, I heard people say the word "honjeo." I thought that they were telling me to do things by myself, even if I needed help from other people, because there is a similar word in standard Korean, which means "by yourself." I thought it was strange, but I answered, 'yes.' Later I got to know that it means 'quickly'.

Birth and family circumstances, and failure of first marriage

My Chinese name is ○○ and my Korean name is Lee Hee Ok. Though it is ○○ in China, I wanted to be known here as Hee Ok. I am 41 years old. My birthplace is in Jilin province, China. I was born there and lived there all my life. After I graduated from junior high school, I wanted to help my family take care of the housework. But, my parents believe that if all a woman does before she gets married is housework, then after she marries, she will continue to do only housework. So, my parents did not let me help out in the home.

My Chinese family consists of my father, mother, younger brother, and elder sister, but my father has already passed away. Before, my parents farmed, and my elder sister was a tailor before she got married. My younger brother is also a farmer and has a greenhouse. In China, I got married for the first time at 28 years old. My ex-husband lived in a town close to my hometown. My ex-husband was very much like my present husband; both of them are gentle. I tried to have a good life with my ex-husband before and I would like to have a good one with my husband now, but neither of them can understand me. But, both my ex-husband and my present husband love their families very much. Maybe I was meant to be lonely. My ex-husband was also Chinese-Korean. I have a son, he is between five and seven years-old…. I can't remember. He lives in China with his father. I separated with my ex-husband and we later divorced. My ex-husband was also a farmer. Even though we farmed, the money that we earned was enough. Our lives were not so bad.

When I was young, people often told me, "You are so smart." Even my teachers told me, "You are smart." But my parents could not afford to send me to school to continue my studies. It was fine with me since I have younger siblings who are studying.

I only liked listening to music in my childhood. Though I

liked singing until I was seven years old, after that I lost my interest in music.

My father passed away at 69 years old. I was then 38 years old, and I was already living in Korea. My father meant so much to me.

Decision to marry internationally for remarriage

Originally, I did not like the idea of getting married through a marriage agency because I don't think that marriage agencies are reliable. So, I decided to meet my husband through an acquaintance. I wanted to meet someone who I could trust so that we could stay together forever. People who get married through an agency know almost nothing about each other before they get married. Before I got married, I knew that my husband had an illness, so I don't complain to the person who introduced us. The illness is a weak point in my husband, but I think we can overcome this and have a good life.

When people meet me, they trust me. In China, people introduced many men to me. I never met the right one, so I never married any of them. When I lived in China, people said, "You are very honest. You are so gentle." They always described me like that. They said, "If you meet a good husband, you'll have a good life, but if you meet a bad husband, what will you do?" Many people said to me, "You're very pure."

My son with is living with his father (my ex-husband), but

I heard that he was sent somewhere else after I came to Korea.

I came to Korea in 2004 and had a wedding ceremony. I live with my husband and his parents.

My husband has five siblings: three sisters and two brothers. They are all married and have families. Only my husband and his elder brother and his family are living in Jeju. Originally, my husband was the 4th child, but now he became the youngest among his siblings after his youngest brother's death.

This is my husband's first marriage, and my second marriage. I told my husband I had a divorce. My husband telephoned me before I came to Korea, and he said, "Was there a child?" And I replied, "What woman my age doesn't have a child?" This answer hurt his feelings. I called later, and I said, "Now that I know what you think of my past, I want you to send back to me the application forms and my identification. It's true, I have a child."

When my husband came to greet me in China for the first time, all of my family members liked him. However, I asked him to return all the forms I sent. He answered, "I'll have to think about it." My mother-in-law does not know the fact that I had a divorce. It wasn't necessary to tell her that I had a son in my first marriage, I thought.

Hard married life: nursing elderly and sick parents-in-law

The family treats me well in Korea. I have quite a good

relationship with my husband's family. I have quarreled with my sister-in-law several times because she is impatient. My father-in-law has liver cancer and I have been taking care of him for three years. My mother-in-law also suffers pain in her joints. Taking care of my father-in-law and comforting my mother-in-law has been giving me stress.

My mother-in-law asked me if helping her and nursing my father-in-law was too much of a burden. I told her, "If you feel like a burden living with me, my husband and I can live separately." I don't feel burdened, but if I am burdening my mother-in-law, then I am willing to leave their home. But, I would like to make my father-in-law comfortable while he is still alive.

Married life different from expectations

I wanted to come to Korea and manage a small business.

I thought I could not farm. But, my mother-in-law works on the farm, and I thought that if she were my mother, wouldn't I help her? I thought a lot about this question, and I then began to consider helping her on the farm.

When I first came to Jeju, I was sad. I came here at a time when my father-in-law will soon pass away. When I first entered our house, I saw that dust was everywhere, the heater was not working, and the toilet was an outhouse, and I thought, "How am I going to live like this?" At the same time, I thought, "If I return to China, what will my parents say? If I return to China right away, it will really hurt my parents." My dream of a happy life in Korea was broken. When I thought about this, I wanted to die, and many times I went to the seashore crying alone. I used to dress up glamorously at that time and I was a nice looking woman.

I never wear make-up though. But I used to hear, "Even if you do not wear make-up, you are pretty."

My husband should take care of me, but he is not able to. Sometimes, it's difficult to deal with it. My husband is lacking in physical strength, and it makes me sad and lonely. I wish my husband would comfort me, and that our relationship was closer.

Now, I am working on the farm with my husband. He has not done much farming before. If I get sick, who will take care of our farm? My dreams from China will never come true. What should I do? ….

My husband is an introvert. He is not generous. "What kind of work did you do before?" Whenever I ask this thing, he gets stressed. I want to ask my husband many things about his past. But I have learned that if I ask him about his past life, he will get angry and stressed. So, we don't talk about it. I will wait until he opens up. I am waiting for him to ask me about how I lived before.

We got married and have lived so far off of our farming. At first, my husband did not give me a bankbook. My mother-in-law manages his bank account. He controls my spending. When I go to buy something, I go with my husband. He pays with his credit card. This doesn't really bother me.

We are earning money from our farm. Our dream is to save ₩10,000,000 (about $11,000) through farming. These days, we have been spending a lot of money on wedding gifts and condolences. In China, people are very frugal.

I've encountered many legal problems living in Korea. Even if I try to join the agricultural union, since I'm not a Korean national, I can't. Sometimes, I can't apply to use the Internet because I have no Korean nationality. I would like to participate in the union meetings, but I cannot participate because I am not a member.

Another problem we have is economic. I think that two people should make money. But, actually, my husband does not have any desire for money. He needs to take more interest in farming, but he hasn't done it. I have to plow the field, but I cannot, so I ask someone else to and I feel 'sorry' for that.

Rather than depending on others' support, I would like to help someone. If I have money, I would like to do that.

My father-in-law owns our house. I can't imagine how they came up with the Jeju-style house structure. It is really inconvenient because building a garage or remodeling the house is very expensive. If we built a second floor, then the house would be spacious and comfortable. One of my dreams is to plant flowers in the front yard and make a garden. It's my dream.

My husband borrowed money from the bank to lend to a friend. We don't even have enough money for ourselves, so I was very angry that he borrowed money to give to a friend. My husband wouldn't apologize and told me that we would get back the money, so it would be okay. I cried until the day the friend paid back the money. I don't want my husband to go to a jail for some economic reason. I know that his intentions are good, but if he goes to jail….

When I speak with my husband, he understands me, but there are times when he misunderstands. After I came back from a friend's house, I told him, "I'd like to live a lifestyle like my friend." Then, he thought that I envy my friend. It hurt me when he said this.

Even if I'm upset, I fight back my tears. I cannot cry. If I cry, my husband will get angry. So, I cannot get overcome my stress. Actually, I am totally stressed out. I want to go to the welfare center, but I can't even go. I want to talk to my other friends from China, but they are also having hard times, some even worse than me. We all try to keep a positive attitude.

Communication problem and cultural differences, discord with husband's family, and hard adjustment

At first when I spoke to my mother-in-law, she could not understand me.

To learn Korean, I would copy everything my mother-in-law said. If she said "Sang-nyun", I would repeat it. If she said, "Michin-nyun", I would repeat it. I thought these were Jeju dialect for just indicating other people, but then I found out that they are really foul language.

One day I heard my mother-in-law says "Shut up!" to my father-in-law, and I repeated this to other people. They got quiet right away. One of my husband's relatives told me that I shouldn't say that word. He told my mother-in-law that she shouldn't use these words anymore, and now she doesn't. And she is no longer using other bad language.

I understand the Jeju dialect now.

I know better now. ··· Because I understand, I get angry more. "They look down on me", I think. "People say bad words to me. Why do they do this?" I think about it all the time. My neighbors don't speak badly to me, but when someone says, "Michin-nyun", I also imitate this very bad word. Once I overheard my sister-in-law say this word to her good friend, and I asked her, "Why would you say this?" She told me that sometimes good friends use the word among themselves and it doesn't have a negative meaning.

My elderly neighbors treat me kindly. When there is good thing, they call and tell me. If you are living in an agricultural district, there seems to be more of this. It isn't easy to be living in Korea. When I don't understood how things are done in the Korean way, I ask my mother-in-law and she explains it to me. Or, I ask my husband. I learned how to operate a computer in China, but it is very different from the Korean way.

Jeju's Western Social Welfare Center telephoned me last year, and asked whether I could participate in some programs at the Center. I wanted to participate, but I couldn't because of my responsibilities on the farm and taking care of my parents-in-law. The Center changed its program schedule for me, which I appreciated so much. I feel good when I participate in programs at the Center. I was happy to meet others and learn new things.

Here in Korea, I work so hard, sometimes I think I will die.
When I was in China, my life was not stressful. But, there is much stress here. When I felt stressed out in China, I would take a walk. But, because this is different country, I cannot easily take a walk. My husband has no interest in my stress. When I get really tired, I shout.

Since I came to Korea, my husband has become indifferent. There is no one I can speak to, because my husband is not interested in me.
I told my sister-in-law about my previous life in China. My sister-in-law talked to my husband. She said, "If you take your wife to Korea, please let her live a peaceful and happy life." I haven't forgotten a word she said, I was very thankful to my sister-in-law. She also gives me pocket money sometimes.

My husband and his family have no interest in Chinese culture. When my husband's family doesn't like something that I've done, they say, "Do you do this in China?" Then I feel bad. My husband's family doesn't always understand such things. So far, I have only bought about ₩5,000 (about $5.5) of clothes in order to save money.

I have heard people say, "Chinese people don't wash their hair" and "Chinese goods are low quality" and "When farming, the Chinese use many chemicals." In fact, my father didn't use many agricultural chemicals when farming. Foreigners have many misconceptions about China.

In China, a man respects and loves his wife. He takes care of her. Men often keep the house in China. They look after the children and help with the housework.

In China, there are no such rules like, "The husband has to rule his wife." He only loves her. Women don't do much housework in China since the Chinese husband helps his wife so much. My elder sister's husband it is like this, and he is also very kind to my sister. I got married in spite of my family's opposition.

I think a happy married life happens when a couple understands, loves, and considers each other. I wish we could communicate better. We all have dreams. I hope my dreams come true.

Even if my situation is not ideal, I will do my best for my husband and his family. Family is important. I love my parents in China, but here in Korea, I try to treat my parents-in-law as if they were my real parents. I feel that I am a member of this family. I feel that my sister-in-law is like a real sister. I hope that they will also think about me like this.

When I hold a baby, I feel very happy. Even if I'm very stressed or tired, when I see a baby, I feel happy. But, whenever I hear my parents-in-law talk about me having a new baby myself, I feel stressed out.

Though I thought at first that Korean culture was strange, I'm used to it now. It's also fascinating to learn the Korean language.

When my father passed away, three years after I came to Korea, I returned to China for his funeral. So far I have visited China twice.

In Korea, I have taken lessons in making pickled vegetables and how to make Kim-chi. I also learned some basic dishes. I also took lessons in folk music, but I quit because I don't have enough time to study. I also learned a little on computer.

(A daily routine) I get up at seven o'clock in the morning, and when I'm busy, I get up earlier. If I'm not too busy, then I eat breakfast. I go to the vegetable farm and work, and then I eat lunch and go to the farm again. I also work at an onion patch in winter. Sometimes I work until 9-10 o'clock in the evening. Is this a normal life for our generation? My husband has to get up at dawn, half-past five in the winter. In the evening, I like to take some time to relax and watch TV. When I'm sleepy, I go to bed. Sometimes my husband comes home late, and I stay up waiting for him.

Though I did not eat Korean food at first, it's OK now. I like cold noodle dishes best. *Kim-chi* is spicy.

I feel good that people in town treat me so kindly. At the beginning I had a hard time, but since they are kind to me, I feel better.

Wishes and dreams

One of my dreams was to build a new house in Jeju. When I realized that this dream could not come true, I cried so hard. I wish that my husband and his family would be healthy.

The language barrier is the biggest problem for foreigners. Language education for marriage immigrants should be provided by the local community government, or by a welfare center and related NGOs. For Chinese-Koreans like me, Korean language is not the biggest problem, but its semantic interpretation is a little hard. I can't always understand the Jeju dialect well, though I can understand the meaning of a simple conversation. I wish there were more support services developed so that our lives could be easier. In order to bring up children, immigrants need to be able to work. Marriage immigrants need help getting jobs. I hope that someone can help me find a good job. The younger sister of my acquaintance said, "I'm short of cash. What should I do?" When she first came to Jeju, it was very hard for her and she cried a lot. These days, she comforts me. She says, "Live for your dream!" (Laughter)

The Korean government should issue the resident registration certificate to female marriage immigrants more quickly, and it should also do what it can to make sure that marriage immigrants receive equal treatment to Korean women. Also, foreigners should have access to homes and apartments with inexpensive rent.

I'm also preparing to learn to drive in Korea, to better integrate myself into Korean life. I'd also like to learn more English and Korean. I hate when people raise their voice when speaking when we have difficulty communicating; it doesn't make me understand any better.

I wish my husband would understand that he sometimes hurts my feelings. We have hard time saving money because my husband sometimes is not careful, like when he lent bank money to his friend. I have been trying to save some money from our farming, but I think that my husband is spending some of this money. I wish that I could get more emotional support from my family.

Cho, Ok Ran

- born in Jilin-province, China (Chinese-Korean ethnical group)
- 32 years-old
- worked as academy lecturer after graduating from college in China
- met her husband through a friend's mother
- got married in June, 2003 and lives in Jeju city
- invited her parents and younger brother and now living in Jeju province
- lives with her husband (39 years-old, a car mechanic), a daughter (4 years old), and her younger brother in Jeju city
- first there were conflicts with her husband's family over farming, but settled them perfectly and on good terms at present
- working for NGO as a secretary at present and is satisfied with present life
- acquired Korean nationality

Family circumstances and education, her parents and brother who moved to Korea

I am 32 years old. I'm from Mehagu city, Jilin-province. I lived in the countryside, and when I grew up, we moved to Mehagu city. Most of my memories are from Mehagu. I live in Jeju city now. I came to Korea more than four years ago, in June 2003. I have just one younger brother. I have no religion.

My whole family followed me to Korea and lives here now. My younger brother lives here with me. My mother and father work at a fishery, and my younger brother works at a restaurant.

My grandfather was originally from Korea, and my uncle has settled here, too. My parents came to Jeju by my uncle's invitation. It's good that my family lives in Korea, as I don't need to go to China to visit them. Since I got married and came to Korea, I have not returned to China.

When I was young, my parents farmed in China, and when I grew up, my parents went to Beijing and managed a restaurant there. My father also worked in Australia and came to Korea in 1992, then went back to China after several months, and moved back to Australia, and then back to China again in 1995.

I graduated from a 3-year university in China. I applied to schools for Chinese-Korean ethnic group near our home, from an elementary school to high school, and I went to university in Heilongjiang province. I got a job offer as a schoolteacher, but the monthly salary was small. I refused and instead worked as an academy lecturer in Shenyang.

I don't have any special memories about my childhood in China. My parents loved me very much. When I was young, I often got sick, so my parents spent more time taking care of me than they took care of my brother.

Before I came to Korea, my aunt and my relatives had already moved to Seoul from China. My grandfather's original hometown is Gyeongsangnam-do, Korea.

I have no difficulties except for the language. I am living comfortably. And I'm happy that I work here. It gives me personal satisfaction.

My parents came to Jeju after I got married. Since then I have never returned to China. My grandfather is a Korean who was sent to China during Japanese colonization and became a Chinese citizen. My parents have now returned to Korea and applied for naturalization. If their naturalization is approved, then they can continue to live in Korea. Since they still have strong connections to China, they are still thinking about whether to become citizens and remain in Korea indefinitely, or whether to stay to earn money and then go back to China.

I'd like to go to China to visit my friends. Most of my friends are still living there….

I haven't felt any loneliness since I lived here.

My brother is twenty-seven years old. I invited him to Korea. It's not always the case that other family members can follow immigrants to Korea. Sometimes there's no problem, but other times it involves luck.

From meeting to international marriage

I got married to a Korean man after my friend's mother introduced us. Other women that I know also came to Korea through the introduction of friends or relatives. I believe that it is safer to get married after an acquaintance's introduction, rather than through a marriage broker.

My husband and I met when he came to Jilin province. After our first meeting, I had a good impression of him. When I was preparing my papers for our marriage application, we kept in contact through telephone calls. He had to come to China again to apply for our marriage and have a physical check-up. He applied for the marriage notice in China after our first meeting.

My husband is thirty-nine years old now. He works as a car mechanic.

Because I came from a Chinese-Korean ethnical group, I can speak some Korean, but I can't say that I speak fluently.

The culture is also very different between China and Korea. Jeju province is much harder than other areas. The Jeju dialect is hard to understand. I didn't prepare anything when I came to Korea. I filed a resignation letter and quit my job so that I could settle here.

Married life: discord experience with husband's family and its solution

I have been working as a secretary at an NGO for migrant workers. I have a four-year-old daughter now. I got pregnant as soon as I came to Korea. I stayed home and took care of my daughter for three years. Last year, I decided to send her to a day care center so that I could work.

Right now, my family is living with my younger brother.
I don't have parents-in-law. They already passed away. My husband's hometown is ○○. After we got married, we lived for half a year in ○○, but we moved here to be closer to my husband's workplace.

Before coming here, I thought about what life in Korea would be like. But, when I arrived, it was very different from my expectations. When I was young, even if my parents were farmers, I only studied and worked. At the airport, the whole family came to welcome me. After greeting the family, when we arrived at my new home, I thought and I whispered, "How can I live here?" Luckily, when I entered the house, there was some new furniture. The furniture wasn't expensive, but it was comfortable at least because it was new. Moreover, our house was away from the main place of residence, only two old women lived in the house in front.

I am an outgoing person, who enjoys outside activity and

mingling with many people. I don't have parents-in-law, but my husband's family is here. At first, we had some difficulties. Since this is the countryside, the wife of my husband's elder brother and other family members wished that I farm. I expressed to husband's family members very strongly that 'I don't want to farm.' Before even coming to Jeju, I told my husband that I have no interest in farming. My husband said that he has land to farm, but I got married to my husband only after agreeing on no farming. I spoke to my brother-in-law's wife and other family members about my agreement with my husband. I wasn't on good terms with my relatives for a while due to the discord. When we finally agreed, my sister-in-law gave up, too, and we're on good terms now.

My husband and I got married when he was 35 years old.

Before I came to Korea, I didn't have any detailed plan about what I would do when I arrived. Once I got married and had my child, I stayed home to take care of her for three years. And then I started going to the Center to help with translation work, and also to collect information for the Center's resources. I realized that I wanted to have a real job in Jeju.

I have no problem with communication. I don't have any cultural conflicts with my family. As a matter of fact, I've adapted a little now. Sometimes, though, their point of view is different from mine, and we have little disputes.

In China, many husbands are very helpful at home. However, when we would visit my uncle in Korea, I learned that Korean men don't help much with housework. For example, Korean men don't cook themselves. So, I had some understanding of what Korean homes are like and now I can accept it. But, I still ask my husband to do house chores sometimes: "Please, do this, was the dishes, cook the rice."

I'm only acquainted with the residents who live nearby. We don't visit each other, but when I have something to eat, when I make something, I share it with the old woman who lives in front. When the old woman returns home from working on the farm, she gives me some radishes, too.

It wasn't difficult to bring up my daughter. My husband understands me well.

I have no idea why I made the decision to marry a Korean man and come to Korea, no idea at all. A friend's mother put me on the telephone, and said "I've met a good-natured Korean man, you should meet him', and that's when I met my husband. My mother's opposition to the marriage was intense. My mother didn't like me marrying a Korean man. I came here to marry, but my mother came to Korea to earn money. Our relatives met my husband, and everyone liked him.

At the beginning, I think my neighbors looked down on me. They asked me, "How long will you stay here?" Many immigrants who have difficult lives here run away. So, people in town said that I must be lucky here because I haven't left yet. They say this often, not to my face, but I hear them say it when I pass by. But one old man told me directly that he looks down on me for being Chinese.

When my mother and father came to Jeju for the first time, my husband's family should have treated them nicely, but they didn't. My family had trouble taking it for a long time. Did they despise me for bringing my relatives from China to Jeju? Maybe. I think that my husband's family looks down on my family because they are from China. Even my mother wonders why they treat me badly.

All of my relatives in Seoul; my aunt, aunt's husband, even my eldest aunt came to my wedding ceremony. Everyone came to my wedding.

Wishes and dreams

When foreign women come to live in Korea, we are absolutely treated differently from natives. Many foreign women come to Korea and would like to gain citizenship. In my case, I had no problem in acquiring Korean nationality. I applied for nationality because everyone around helped me. While working at the Jeju Migrant Workers Center, I learned that when there is no agreement with the husband, application for nationality is very difficult. The system to apply for nationality should be changed. I hope that even if Korean nationality isn't granted after coming to Korea, marriage immigrants should be given permanent residence. I wish that husband-wife agreement was not required for permanent residency rights. Women should be able to apply after two years.

I usually go to the Center at half past nine. Normally work finishes at three o'clock, but I usually leave at five o'clock. I do my best to complete my work responsibly.

I would like to be a Chinese interpreter. I graduated from a Broadcast and Correspondence College in China. Right now, I am attending Korean-Open University. After I graduate, I want to enter graduate school for interpretation. I'm now in the third year of my program.

I am satisfied with my life now with my husband and his family. My husband is one of six siblings and my husband is the youngest. He has three elder brothers and two elder sisters. Since I'm working now, I only attend the yearly ancestor worship ceremony in the evening, and my sister-in-law doesn't mind. My sister-in-law is good to me. She is much older than me, so she is like my mother.

Reality of marriage immigrants

The Jeju province local government and the Korean national government should help marriage immigrants better settle here in Jeju. When they get here, marriage immigrants feel very lonely. Because they don't speak Korean, they can't go out to work. I know a Vietnamese woman who still can't speak Korean, so it isn't possible for her to get a job at a place like a restaurant. I wish the government would help marriage immigrants to settle down, so that they can go out and meet people.

When marriage immigrants face legal problems, there are

no consulates in Jeju, so they have to go to Seoul. I wish that there were consulates in Jeju. The plane ticket to Seoul is very expensive. Even if the consulate in Jeju would take a long time to process the forms, it would be okay. In general, Korean men married to foreign women don't have much money. It costs a lot of money to go to Seoul, so the only time they go would be to apply for citizenship.

When I came to Korea, I applied for citizenship after two years, which is the earliest I could apply. The application review process takes a long time. Now in Seoul, they are only reviewing applications submitted in 2005. That means that if I apply now, it takes four years to achieve citizenship. There are few people at the Judicial Affairs Division. When I checked the website for international immigrants, I found out that they are only now processing applications from 2005. How can this be? It's 2008.

When looking at marriage immigrants, I see many people live in difficult conditions. Some of them aren't allowed to go out. If they go out, when they get home, their family members scold them. Some of them try to earn money by themselves because the husband won't give them any money. Some husbands do give money, but only very little, and they make their wives keep a detailed record of how much they spend. The husband of someone I know gives her only ₩50,000 (about $54), and if she doesn't keep an accurate record of her spending, the husband gets angry.

There is also domestic violence. In an international marriage, a lot has to do with the character of the husband. The husband and the wife don't understand each other and can't speak each other's languages, so sometimes the husbands grow frustrated and hit their wives.

Women from the Philippines

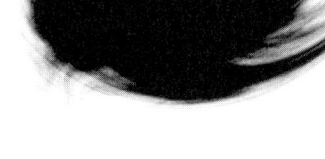

Marisa
Merin
Neonalin
Lia

Marisa

- born in Leyte and lived in Manila, Cebu, and Mindanao in the Philippines
- 35 years-old
- worked at a trading store after dropping out of high school in the Philippines
- met her husband through the Unification Church in 1997
- participates in Catholic church
- lives in Seogwipo city with her husband (35 years-old, an environmental beautification job) and two sons (11 years-old and 3 years-old)
- experienced difficulty in communication and adapting to the food, and was the first Filipino marriage immigrant in 1997. She takes charge of the central share at a meeting for the Filipino marriage immigrants who live in Seogwipo city and is satisfied with her life at present
- acquired citizenship in 2004

Birth and family circumstances, and international marriage as the best choice

I'm 35 years old. I was born in 1973. I live in ○○, Seogwipo city.

My hometown is Leyte, in the Philippines. While in the Philippines, I moved around a lot. I moved from Leyte to Manila and then Cebu. Before I came to Korea, I was living in Mindanao.

I belong to the Catholic Church. I go to a cathedral in Seoqwipo city here or I participate in an English mass in the cathedral in Jeju city on Sunday. I'd also like to participate in a Korean mass, but my friends can't speak Korean yet, so I attend the cathedral in Jeju city a lot.

I'm the 7th of eight siblings. I have a younger brother, too. My family consists of 10 people, including my parents. Everyone is still in the Philippines. When I was seven years old, my father passed away. So, my mother had a hard life.

I dropped out of school when I was in the first year of high school. I came to Korea in 1997. It's been 11 years now. I worked as a housekeeper and a trader at a store in the Philippines until I turned 24 years old.

Before I came to Korea, I had a very difficult time when my mother suddenly collapsed because of high blood pressure. My father passed away when I was young, so my mother did everything by myself. At that time, I made a decision. If I can get married, I want to marry a foreigner and move to another country.

Coming to Korea by international marriage through the Unification Church

I came to Korea through the Unification Church. The Unification Church has girls get together in an office room and then they show us pictures of men. According to the Church, couples that get married through the Unification Church will receive blessings. Some friends came to Korea through Unification Church. Other friends came to Korea through a marriage broker. There are many women in the Philippines who wish to come to Korea.

There were also marriage agencies in the Philippines. When people are introduced by a marriage agency, the marriage expense is paid by the husband. I came to Korea through the Unification Church and the Church paid my marriage expenses, too. They don't demand that I go to Unification Church so much now.

My husband was born in 1966. He is 42 years old. He has an environmental beautification job. Before coming to Korea through Unification Church, I thought I would get married to a person from Hong Kong or other countries. Unification Church invited ladies to come to Church, and I applied. The Church showed me my husband's picture and told me that marriage with this man will bring blessings in the future. When seeing my husband's picture, he seemed to be a nice person, so I decided on marriage. The Unification Church in the Philippines gave a little money to my family.

Before coming to Korea, I didn't know anything about Korea. I just wanted to go to another country. I wanted to run away from the Philippines. (Laughter) After I received 'blessings' from the Unification Church for my decision to marry, I had to wait more than one year. I called my husband all the time. It was difficult at that time. When I called my husband during that year, there was someone to interpret between my husband and me. We couldn't talk directly.

After I came to Korea, I helped other Filipina get married, too. My acquaintances ask me to introduce them and show them my friends' pictures. (Laughter)

Acknowledging the differences between two cultures, perfect relationship with husband's family and married life

After coming to Korea, I thought that my husband is a good person. I have two sons. My eldest son is in grade 4 and 11 years old. My youngest child is already 31 months old. He goes to the day care center. I work for a hospital clinic as a janitress.

When I first came here, my husband's family made me feel comfortable. As soon as I came to Korea, I got pregnant, and I worked all throughout my pregnancy. When I gave birth, my family hired a domestic helper to come for 15 days, so that I could rest. After she left, I went back to work. My family lives together at a fishery.

I acquired nationality in 2004; it took seven years after I

came to Korea. After applying for citizenship, I had to wait for one year.

When I to Korea, there was only a Korean language program at the Center, so I took only Korean classes. But these days, there are many programs. My favorite is the child-rearing class.

Life in Jeju is very different from that in the Philippines. At first, I didn't really like the food. I couldn't eat spicy food. But now, I like spicy. (Laughter) Because Jeju dialect is very difficult, I don't want to learn it. (Laughter) When old women speak, I can only guess what they say.

My mother-in-law passed away early, when my husband was 12 years old. My father-in-law passed away two years ago. My husband has three siblings, two elder brothers and an elder sister. Everyone is on good terms.

I am trying to integrate into the Korean lifestyle, so everything is fine.
Though I have lived in Korea for more than 11 years, the Korean language is still difficult. When I came to Jeju, I had no friends. I was the only Filipino person. When talking with my husband, we were always gesturing and looking up words in the dictionary. It wasn't until three years after I arrived that I started to study Korean at the Center.

We moved here one year ago. First we lived in ○○. When I came to Jeju, my husband worked at a fishery and I worked in the kitchen of the fishery.

In the Philippines, women can work if they want. And husbands will take care of the baby. In Korea, women can send their children to daycare and then work, but in the Philippines, there are not enough jobs. When Philippine women get married, there are not enough jobs, so many of them stay home, or else work on the farm.

When a child is brought up in the Philippines, it's a little different from here. We often use baby talk in the Philippines, but not here. (Laughter)

I had problems when I first came to Korea because I couldn't understand Korean. People asked me 'Where did you come from?" "Is she an alien? Where did she come from?" They looked at me strangely while saying this. (Laughter) Actually, it wasn't a problem because at the time, I couldn't understand anything that people said to me. I would just smile at them.

Life in Jeju and wishes

I like Jeju. The people are kind, the air is fresh. Jeju is better than Seoul. It's quiet like my hometown and it's beautiful. But, I don't like Jeju city. (Laughter)

Since I came to Korea, I have visited the Philippines many times. I went to the Philippines in 2000, 2002, 2004, and 2005. My husband paid for me to go to the Philippines. The second time that I went back, I introduced someone for marriage.

My older son goes to school, but he has difficulties

sometimes because my Korean isn't very good. I feel sorry for him. Since I don't speak Korean well, many things are very difficult when raising a child. I teach English to my son. My youngest son speaks English.

(My routine) I leave my house at dawn. Sometimes I finish at twelve o'clock. I have a Janitorial part-time job at dawn. Before going out to work, I prepare my eldest son's meal. After I get home from my job, I send my youngest son to the day care center at eight forty in the morning. I go to the office at six o'clock, come home at eight o'clock, and return to the office again at half past nine.

The Social Welfare Center of Seogwipo City improves my life in Jeju.

Every day, I can meet with many Filipino friends. If I'm too busy to go to the Center, my Filipino friends come to my house. When a teacher in the Social Welfare Center of Seogwipo City has an announcement, I make sure the whole Filipino community is notified.

I have many friends who came to Korea and live in difficulty. There is marital conflict, and there is also domestic violence. When marriage immigrants first came to Korea, they can't communicate with each other. Sometimes their husbands can't deal with it and end up hitting their wives. Another problem is money. Many Filipino wives would like to send money to their families in the Philippines, but the husband only gives her a small allowance. There are many people with these problems, but, on the whole, female marriage immigrants get along well.

Some people are happy, but others have divorced and left.

I don't have any plans for the future right now. I'm happy now. My husband is fine. He is so kind. Our sons are growing healthy and studying well.

Many immigrants will come to Korea in the future. The Korean government and the authorities should help them so that marriage immigrants can understand Korean culture fast, receive education, and learn Korean. But, the government has to be active to help the immigrants. Both men and women should try to communicate better. There should be educational programs for both men and women.

When I first came, I was greatly worried about whether I could acquire nationality soon. In the end, there was no problem.

Merin

- born in Mindanao of the Philippines
- 25 years old
- worked as a nursing aid at a health center after high school graduation in the Philippines
- got married through a marriage agency in April 2007 and the marriage cost was paid by her husband
- lives at Seogwipo city with her husband (37 years-old, working for a town office)
- Korean language ability was insufficient (help of a marriage immigrant from the Philippines)

Family and work in the Philippines

I am 25 years old.

I come from Mindanao, in the Philippines. I also lived in Manila and Cebu.

I am Catholic. My family has eight people, my parents and six children. I'm the fifth among the six children.

After finishing high school, I worked as nursing aid at a health center. I later studied computers for six months. Then, I came to Korea in April 2007.

As the best choice, marriage with a Korean man

My dream was to get married to a Korean man. Some of my friends in the Philippines are also marrying foreign men, not only Koreans.

Before coming to Korea, I saw Mt. Halla of Jeju on TV and other tourist destinations in Korea. There are many TV shows about Korea in the Philippines.

I got married through a marriage agency. I met my husband through videotape. My husband paid the wedding expenses. He also gave some money to my family. That's a secret. (Laughter)

Starting married life

I live only with my husband. My parents-in-law live in a house that is separated from ours. The house is Jeju traditional style residential structure, called Ankyoerae/Bakoerae – it's a house built in on compound divided into two; one belongs to the parents and the other to the son and his family. My husband is 37 years old. He is twelve years older than I am. He works for a town office.

My husband and his family are so kind.

In my free time, I am participating in the programs conducted at the Welfare Center here, and I learn a lot.

My neighbors don't treat me differently because I am a foreigner. Old women just ask me, "Which country did you come from?" This is the usual question I'm frequently asked. I also join the Filipino women's gatherings of Seogwipo city.

When I first arrived, the food was strange for me to eat, but I like it now. I like chicken broth with ginseng (samgyetang) and seafood dishes.

Food and language are both difficult for me. In addition, the most difficult is the weather. In the Philipines, there is only summer, but here, it is too cold.

I speak with my husband in English. We understand each other in English better.

Wishes and dreams

I have only just arrived in Jeju. I'm still learning the Korean language. I don't miss the Philippines yet.

Neonalin

- born in Baguio city, the Philippines
- 26 years-old
- dropped out of university in the Philippines during sophomore year
- met her husband through a marriage agency and three days later, got married in Manila, in March 2005 and came to Jeju province in June of the same year
- lives at Seogwipo city with her husband (47 years-old, a personal taxi driver) and the son of a former wife (22 years-old)
- worked as an English teacher for a day care center in Seogwipo city
- wants to enter university, and after acquiring a teaching certificate, dreams of becoming an English teacher

Birth and family

I am 26 years old. I live in ○○, Seogwipo city. I'm from Baguio city, in the Philippines. I came to Jeju two years ago in June 2005. On Sundays, I attend mass at the cathedral. My parents, three younger brothers, and one elder sister are all in the Philippines. I dropped out of university in my sophomore year, just before coming to Korea, to get married. I never worked in the Philippines.

Met through a marriage broker and got married to a Korean man three days later

My husband is forty-seven. He is a taxi driver. I met my husband through a marriage agency. He paid the wedding cost. The marriage ceremony was held in Manila, and after coming to Korea, I haven't gone back to my hometown in the Philippines. The marriage agency told me, "If you get married to a Korean man, you can go to Korea and get a job there."

Our first meeting was in March of 2005. After only three days, we decided to get married. We got married in Manila in March, and I arrived in Korea in June. During those three days, I met my husband three times, and then we had the wedding ceremony. My husband returned to Korea, and I followed him in June. When you get married through a marriage agency, everything happens very quickly.

Before coming here, I didn't know much about Korea. I thought that I would find it out myself when I got there since I was going to marry a Korean.

Married life and husband's family

I live with my husband and a step-son. My step-son is 22 years-old.

My step-son doesn't speak English, so I just greet him with gestures. He replies to me in gestures, too.

I haven't changed my nationality yet.

My husband's younger brother lives in ○○, Jeju city. My mother-in-law lives in Seogwipo city. We have a good relationship. My mother-in-law and I don't have any problems.

People in town, when they meet me on the street, they just ask, "Where are you from? Are you Filipino?"

I don't have a baby. My husband helps with the chores. I take lessons at the Social Welfare Center of Seogwipo city and the Oseok School (for evening classes) to learn the Korean language. At the Oseok school there are many Korean people and old women.

I like Jeju. It is windy. (Laughter) People are kind here.

Communication problem, an experience as a foreigner

After I came to Korea, the hardest thing I experienced was

the Korean language. I like socializing with other people, but I can't because I'm not good at Korean. I communicate with my husband using gestures and body language, and using simple words like 'OK?' 'No?' (Laughter) My husband can speak English a little. Korean food is fine with me.

After getting married, I returned to the Philippines once.

My husband consulted with the Jeju Immigration Office about my becoming a Korean citizen.

Three months after I came to Jeju, I tried to work at a restaurant. I couldn't speak Korean. One of the women who also worked at the restaurant shouted at me, and I didn't know why. I cried. I wanted to work there because I was bored at home. I realized how important it was to learn the Korean language.

Wishes and dreams

Before, I worked as an English teacher at a day care center. But, I quit.

Soon I will go to university to study. I will enter in university March of next year. I have submitted my application and school documents to the University Registrar's office. They accepted my application. Later, after graduating from the university, after acquiring a teaching certificate, I want to be an English teacher. At the day care center, they didn't require a teaching certificate. I'd like to work at organizations like Oseok School as a volunteer teacher.

We plan to have a baby after I graduate from the university. I want my husband and his family to understand and support me. It's my wish.

Lia

- pseudonym
- born in Negros in the Philippines
- 27 years-old
- got married after high school graduation in the Philippines.
- met her husband through her aunt who is married to a Korean man; got married on September 4, 1999, entered Korea in October 1999, and lived in ○○ and moved to Jeju province three years ago
- got married to her husband (37 years old, who works in an antique processing industry, husband's 2nd marriage), and lives at Jeju city with two children (a 7 year-old son and a 5 year-old daughter)
- moved to Jeju city after experiencing domestic violence, and would like to divorce her husband and live with her children
- acquired Korean nationality

Family circumstances

I am 27 years-old. I was born in 1981. I left Negros in the Philippines and came to Korea. I live in Jeju city now. First my religion was Catholic, then our family converted to the Baptist Church when I was about 5 or 6 years old. My mom, dad, eldest brother and three younger brothers are living in the Philippines.

After high school graduation, I got married. I came to Korea on October 26, 1999. I was only 19 years old. Our wedding ceremony was held on September 4th. I never worked in the Philippines.

From meeting to international marriage

When my aunt visited the Philippines, she brought a Korean friend with her. My aunt is my mother's cousin; she got married to a Korean man through the Unification Church after seeing a photograph of her husband. My husband lived in the same neighborhood as my aunt lived. When she visited the Philippines with her family, my husband came with my aunt's family for a vacation. At our first meeting, we spoke and I gave him my telephone number. After he went back to Korea, we became pen pals for eight months. When he next visited the Philippines, he came to my home and we filed for marriage. It was December 1998; I was a high school student when we first met.

I didn't know much about Korea, even when I was exchanging letters with my husband. I heard much about

China and Japan but not Korea. Before I came to Korea, I read a book about Korean culture and learned a little Korean.

Patriarchic husband and hard married life

My husband is 37 years old. He is 10 years older than me.

He collects materials for recycling and works as a secondhand dealer. I live with my husband and children, a seven year-old son and a five year-old daughter.

My mother-in-law lives in ○○. My husband is not from Jeju. We moved to Jeju in September of 2003. Of my husband's family, only his younger sister also lives in Jeju. After we got married, we lived for a while in ○○ before moving to Jeju.

I wish that I could live happily with my husband. His intentions are good. Before we had any children, my husband was quite gentle. After our first child was born, however, his character gradually changed. Before I had my baby, I worked alongside my husband helping him sell taffy. I thought this job was interesting. Two years later, I had our second child because he wanted it. I also took lessons on how to cut taffy in the traditional way. We lived in ○○ then in an apartment by ourselves. One day, he told me he wanted to cut his hair and enter a Buddhist temple. I felt that my husband wanted to separate from me. I asked, "I'm pregnant now, can't we continue here like this?"

Finally, we went to the Buddhist temple together. We sold

our house and then entered the temple. My husband gave ₩600,000 (about $635) as an application fee and then he entered the Buddhist University. After a while, he asked me to go and live with his family because I was pregnant. After I had my child, I went to visit my family in the Philippines. While I was in the Philippines, my husband left the temple. Four months later, my father-in-law died. My husband quarreled with his uncle for property and assets after his father passed away. He claimed, "They are my assets!" One week later we moved to Jeju, where I had my second child.

We were homeless at that time. We only had ₩1,000,000 (about $1,070) in our pocket. Neither of us wanted to farm, but my mother-in-law pressured my husband into trying. He said to his mother, "I hate farming." Nevertheless, she sold a cow and lent ₩20,000,000 (about $20,140) to us. We tried to pay her back by recycling garbage and selling secondhand products. At that time, we lived in one room in Jeju city. After we moved again, I invited my mother to Jeju because I wanted her to take care of my children. It's possible to invite your parents to come to Korea for one year.

My husband manages our living expenses and pays the bills by himself. Sometimes I ask him for an allowance, saying "Can't you give me a little extra money?" But we can't understand each other, so we often quarrel about money. We fought many times. Once, my husband went out to eat by himself. I didn't know which restaurant he had gone to, and I was angry because he went out by himself.

When I found him, I asked, "Why didn't you take us with you?" I thought that he had gone to a local office, but he went to the restaurant, instead. He asked me, "Where did you go? Go inside and eat." I didn't eat, and I stayed with him in the car. I tried to take his car keys away. He asked me to give back the keys. He said he had to go to work. But, I didn't give it back. He asked again, "Give me back the keys, I have to go, I'm in a hurry!" There was an iron pipe in the trunk. He got angry and tried to hit me with the iron pipe. I got out of the car and ran away. He followed, trying to catch me. Five minutes later, I realized, "I should return the keys." I thought we shouldn't fight like this.

Distrust of my husband, regret of international marriage, husband's violence and consideration of divorce

One day, my husband got out of the car, came around to my side of the car, and hit me on my arms, legs, and head. We were on the street, so I thought that if someone passed by, I would be so humiliated. 'Why do you hit me?' I shouted, 'You are a bad person.' And he shouted, 'go back to the Philippines.'

We fought like this many times. While helping with his work, I asked, "Is it enough that you give me ₩50,000 (about $54) for pocket money?" He didn't give me money. I told him, "I won't go out to work with you tomorrow." When I said this, he hit me again. I fought with my husband in the car at the day care center where we take our children whenever we go to work. He got out and hit me. I ran away. He ran after me, and he tried to throw something on me, but I could escape. When I got home, he telephoned me, and screamed, "Go back to the Philippines! Go back to the Philippines with your mother! I can't live with you any more."

He hit me many times. In the car, one day I came home at two o'clock from the Filipino gathering. He got angry because I hadn't made him lunch. He hit me in the car and tried to lock me in. A man saw us fighting and he told my husband that he shouldn't hit me. I ran away and entered a women's shelter at that time. I stayed at the shelter for a few days and then moved to my friend's place. I'm going to the shelter again today. My husband said, "If you leave me, I will keep the children."

My husband's elder brothers are good to me, but his elder sisters and younger brothers are just civil. My mother-in-law told me, "I wish my son had married a Korean woman." "You were very young! When my son said he was going to the Philippines to marry you, I didn't like it." My mother-in-law and my husband talk over the phone. My husband earns more money lately, and when he feels good, he calls his mother. Sometimes he tells his mother about our problems. He never tells his mother about the good things that we have.

My husband holds the economic power at home. I receive money from him, but he doesn't give me much. People say, "Your baby is cute", and they give me some money, which I use as pocket money, but it's only enough for the bus ticket. My husband gives me money when he feels good. When I work with him, we can make ₩200,000 (about $214) or

₩300,000 (about $321). But he only gives me ₩10,000 (about $11). He has all the money, and he keeps it where he is sure that I can't touch it. He doesn't discuss with me when he buys something for our family or others. He puts the money in his bank account.

Before my husband entered a Buddhist temple, he told me, "I have committed crimes in the past, and this is why I want to enter the temple."

I suspected something like that in my husband's past. We were living on the 5th floor of an apartment. My husband's friend, who is married to a Chinese woman, and his family, lived in the same building on the 6th floor. The friend and my husband worked together selling pumpkin-honey taffy. My husband's friend moved to the apartment first, and we followed later. At that time we could afford to live in an apartment. It costs ₩30,000,000 (about $32,086). My husband's friend divorced with his wife. She left her children and went back to China. My husband wanted us to move. He said, "I think that we shouldn't live near my friend anymore." Then he entered the Buddhist temple. I suspected that my husband had a secret love affair with his friend's wife, but I'm not sure.

I don't trust my husband. Or the Chinese wife. There's a lady who lived on the 11th floor of our apartment building, who has mental problem. If someone calls her, "Come here", she comes. Even if a man calls. I met her at the Baptist Church. Later, I found out that she lives on the 11th floor of our apartment building. My husband already knew her. One day I went to the grocery store to buy some corn, and my husband brought her to our home to teach me how to cook it. After a while, he wanted me to buy flavoring for the corn. I went out to buy it, leaving them alone in the house. Another day he wanted me to go to the supermarket, and they were alone again in the house. I confronted her, "When I'm not here, don't come to our house again." I got more suspicious. The woman looked like she had gained weight. I thought, "Is she pregnant?" And, we moved suddenly.

When my husband was at the temple, I visited my Indonesian friend at her house. I was taking the staircase, carrying a child in my arms, and I fell down and hurt my foot. In the winter, my feet ache. I can't walk or even wear high-heeled shoes.

I've tried my best to stay with my husband, but I think that I cannot live with him any longer. If we didn't fight, or if he didn't hit me, I would keep trying. When he drinks alcohol, he speaks a lot about the Philippines. "How much money did you send to the Philippines" I don't want to hear any more from my husband talking about the Philippines. He repeatedly says, "I invited your family to Korea, so I don't need to give them any other help." I don't like him abusing my family in the Philippines, especially my parents. If my husband would change his character, and treat me differently, I'd like to stay with him. But, I'm afraid of my husband. I am afraid that he will kill me. He hits me, but he is very strong, so when he hits me, I think I might die. I want to earn money. I want to see my children. I want to live with my children.

My husband has no love for me, so I'd like to divorce him

and take my children because my husband hit me so many times.

Now we go to the Church of the Jehovah's Witnesses. When we moved to Jeju, my husband met a person who went to this church. My husband wanted me to go to the church with him.

I want to see my children, but my husband does not allow it. Sometimes I go secretly to see them. He lives with our children at home and brings them to the day care center. If my husband took good care of my children, preparing food and cleaning their clothes, it would be okay, but I know that he won't bathe or feed them properly.

I'd like to bring up my children here myself. I'd like to rent another house and live there. I haven't seen them in a week.

I can't meet my husband alone; it's not possible to talk with him. Even the teachers at the Jeju Migrant Workers' Center can't meet him. When he gets angry, he always hits someone. My husband once said, "Don't go to the Jeju Migrant Workers' Center!"

Wishes and dreams

When living in ○○, I learned Korean. I became a citizen three years ago. I have been married eight years now. I have worked hard and tried my best, but it's not enough. I wish that I can earn money easily, though I do not have any diploma. I wish, I could work in an office. I don't want to do heavy work.

Women from Vietnam

Pung
Mai

Part 2 Narratives of Female Marriage Immigrants' Experiences

Pung

- born in Bin Rong, Vietnam
- 31 years old
- after elementary school graduation in Vietnam, worked as a sales trader for clothes
- met her husband (employed at entertainment house, 44 years-old, second marriage) through the introduction of another friend who is married to a Korean man
- got married at the end of 2005
- lives in Jeju city with her husband, 10 month-old baby, a step-son and a step-daughter
- a good relationship with her husband and step-children
- communication using Korean language is difficult

Life in Vietnam

My mother, two elder sisters and one younger brother are all in Vietnam. My father passed away when I was 17 years old. It's been 14 years now since he passed away. When I was young, my family was ordinary. After graduating elementary school, I started to work at a clothes shop, where I continued working until I left Vietnam. I still keep in touch with my friends in Vietnam, many of them are also already married. My hometown is Bin Rong, Vietnam. I got married at 29 years old. The process was long. I came to Korea through a friend.

Motive of international marriage choice

I got married to a Korean because of my friend who lives in Jeju. My husband is a friend of my friend's husband. I never thought of getting married, it just happened this way. I like going to the Jeju Migrant Workers' Center. I like it there.

My husband is kind. He is very attentive.

Favorable married life

My husband is a singer. He sings at an entertainment house (Karaoke/Videoke).

I have two step-children: a 19 year-old step-son and a 17 year-old step-daughter. Both are high school students. And then I have a 10 month-old baby. We all have a good relationship.

My father-in-law already passed away. My mother-in-law doesn't live with us. I like my mother-in-law. She is kind. Sometimes I visit her house and spend time with her. My husband has an elder brother, and two elder sisters. He is the youngest child. I've never seen my husband's siblings because they live in other places. I have no problem in getting along with them.

My step-children are kind. We get along well. My husband takes care of all of his children's schooling. I get up in the morning, make breakfast, bring my step-children to school and go to the Center. I go to the Center in the morning, return home and have dinner in the evening, and go to meet my Vietnamese friends. I have many friends. My husband takes me to where my friends live. He understands much about Vietnam.

I like living in Jeju. The sea is pretty. I climbed the mountain many times. It's the famous Halla Mountain.

After I got married and came to Jeju, I've returned to Vietnam only once. I went to Vietnam when my baby was 5 months old. My husband was busy, so he paid for me to go by myself.

Cultural differences and difficult communication

Korean food is very different from Vietnamese food. At first I had difficulty eating Korean food, but I'm beginning to like it now. My husband likes Vietnamese food.

Korea and Vietnam are very different. The food is different. The language is different. Almost everything is different.

I haven't become a Korean citizen yet. I have a foreigner registration card. I never have any problems when I show my I.D.

My husband understands a little Vietnamese. We sometimes communicate using my language. I don't have any Korean friends yet, only Vietnamese friends. Since I can't speak Korean well, I can't make Korean friends.

The status of men and women in Vietnam and Korea is the same. In both countries, men are higher than women. In Vietnam, the husband and the wife both work.

I study Korean language at the Center now. I will take cooking lessons later. I can only speak Korean a little so far, so it's hard to study cooking.

Everything is good. I can cook Korean dishes such as Kim-chi stew, bean-paste pot stew, and other foods, I forget their names, but I know how to cook them. My husband taught me how to cook. He works at night, and he usually goes out in the evening.

Wishes and dreams

I can't become a Korean citizen yet. I don't even have resident registration yet. I will apply after two years. I wish to speak Korean well. When my child enters school later, I'd like to speak Korean well. It's my wish.

I will try my best. But for now, I am focusing on ensuring that my baby will grow up well and speak Korean well.

I'd like to learn Korean food at the Center in the future. Now I'm learning Korean language. The staff at the Center are good to me. They are so accommodating. I like it there, especially when I meet my Vietnamese friends.

I wish to be good at the Korean language and for my baby to grow up well.

Mai

- born in Hanoi, Vietnam
- 22 years-old
- came to Korea just after high school graduation in Vietnam
- met her husband through an elder sister who got married to a Korean man
- got married to her husband (37 years-old, doing computer repairs/sale trade) in 2005
- lives with her husband and a 14 month-old daughter
- in good relationship with her husband and his family and is satisfied with her life at present
- experienced difficulty in Korean language and food adaptation in the early stages of life in Korea

Birth and family

I am twenty-two years old. My baby's name is ○○. I came to Korea in 2005, when I was 20 years old. I lived in Hanoi, Vietnam, before I came to Korea. I was born and lived in Hanoi all my life. I finished high school. I have an elder sister and a younger brother. We're five in the family. I am a Buddhist. My parents farm in Hanoi. After I graduated, I came to Korea. Women are eager to engage in business in Vietnam.

Decision to marry internationally after introduction by elder sister who also married a Korean man.

I came to Korea through my sister's introduction. My elder sister lives in ○○, Korea. She came to Korea first after she got married through a marriage agency in 2005. After my elder sister came to Korea, I followed her five months later. My brother-in-law and my husband have known each other for a long time. When my elder sister came to Korea, my brother-in-law paid the marriage cost. I sometimes go to visit my sister. Before coming to Korea, I knew a little about Korea from watching TV. Other than television, there is no other way of learning about Korea in Vietnam.

Married life and adjustment to life in Jeju

I live with my husband and our children. I have two daughters; a 2 year-old and a 13 month-old. My husband is 38 years old now. He works for a computer business, selling computers. My husband's family, his parents and his sister, lives in Seoul. My husband is a native of Jeju province, but his family moved to Seoul, so we visit Seoul to see them. They are all good to me. I'm Vietnamese, but the people around me are kind. Everyone has been good to me. I'm spending good time with my neighbors, too.

Korea and Vietnam are similar in many ways, I think. After I came to Korea, I haven't gone back to Vietnam since our baby is still very young. I stay home with my baby all day. It's a little difficult. I only go out to the Center to meet my friends and to study the Korean language there.

I haven't applied for Korean nationality yet.

At first it was hard to understand Korean. It's more casual living in this neighborhood than Hanoi! I'm lucky with my husband.

I cannot speak Korean well, so it's difficult to live in ○○. As for Korean food, I can eat it now. I can cook *japchae* (a mixed dish of vegetables and sliced meat) well. Korean men aren't helpful in domestic chores, so it's harder to live in Korea.

It is boring to stay at home all of the time, so sometimes I go to the Center. The Korean language is so hard to learn. I call my elder sister often.

I also have Vietnamese friends in ○○ and ○○. I'm the youngest among my Vietnamese friends. They all like living in Korea.

Wishes and dreams

I would like to learn to speak Korean. The Center helps me very much. It's good to learn Korean there. When Vietnamese people come to Korea, they are eager to learn much about Korea. My friends learn Korean at the Center, but there is no Center in ○○ where my elder sister lives. My elder sister studies Korean by herself at home. I'd like to learn more about Korea. But, there are no teachers to teach me.

I've learned a lot at the center. I'm learning Korean, and I learned how to bring up a child. I'd like to work in Korea in the future, after my child grows older. I wish my husband would help me, too. I'm worried about my child's education. I plan to have a second child after ○○ grows older.

Women from Mongolia

Jiche
Kim Misu

Jiche

- born in Khovsgol, Mongolia
- 32 years-old
- majored in accounting at a Mongolian university in Ulan Bator where she lived in and worked for a Mongolian hotel after graduation
- met her husband while working at the hotel
- got married to her husband (41 years-old, works for a construction firm)
- lives in Jeju city after February 2007, 9 months pregnant (as of September 2007)
- hopes to return to work after the baby grows up and she gets accustomed to life in Korea

Birth and family circumstances, and job

I am 31 years old. I was born in 1977. I live in Jeju city.

When I was in Mongolia, I lived in Ulan Bator city. My hometown is?Khovsgol. I attended University in Ulan Bator. I have no religion. My parents, my elder brother, my elder sister and a younger brother are all still in Mongolia.

I came to Korea in February 2007. Before coming here, I finished a bachelor's degree in accountancy at a university in Mongolia. After graduation, I worked in the management department of a hotel in Mongolia.

Meeting with husband, and international marriage

My husband visited Mongolia three times. He works at a construction firm. First, my husband came to Mongolia to work. Then, one time he came to visit me personally. He stayed at the hotel where I was working. We fell in love at first sight. My mother and elder sister from Mongolia came to attend our wedding ceremony here in Jeju.

My husband is 41 years old. I took various courses and trainings about foreign countries because I worked for a hotel. I learned many things about different cultures in Korea and other countries.

I had no intention of getting married to a Korean man at first. But when I met my husband, I liked his character, so we decided to get married. My husband came to Mongolia with the president of the company where he was working.

He was accompanied by an interpreter, too, so I met my husband with his interpreter, and we talked a lot. If there was any problem, 'Our company can take care of it', they said.

I had no plan before I came to Korea. I thought that I could learn Korean once I came to Korea. I thought that after I learned Korean, I could get a job in Korea.

Married life

My father-in-law passed away, and my mother-in-law lives separately from us. My husband is a native of Jeju province. I'm pregnant now. During my nine months of pregnancy, I have not had any trouble. I will deliver a baby girl, the doctor said.

My husband has eight siblings. He is the sixth. My husband and I have a good relationship, even though he can't speak Mongolian. We can use only very simple words to communicate. (Laughter)

I'm living with my husband and I don't visit his family a lot. I never feel a difference between Mongolian culture and Korean culture. There is a Mongolian woman who lives with my mother-in-law, and she feels the cultural gap sometimes. Maybe because I live only with my husband, I haven't experienced this yet.

Cultural differences between Korea and Mongolia

To me, there is no major difference between living in Mongolia and living in Jeju. It's only the language. It makes my living inconvenient here. I'd like to share my ideas and communicate with people naturally, but it's not an easy thing to do.

I have some Mongolian friends in Jeju who also are married to Korean men. I call them and we sometimes meet.

When I first came here, Korean food didn't fit my taste well.

Since my father wasn't feeling well, I returned to Mongolia a month after I got here to visit him.

To keep the house in Korea, Korean women do everything. I don't like this idea. My husband helps me with the housework. He told me to ask him anytime when I need help.

Mongolian women have a lot of affection for children and their husband. When they get married, Mongolian women sacrifice themselves for their children and their husband. They always put aside what they want. Family comes first, even before themselves.

Mongolian women are very active in society, even more than men. If a woman graduated from university, she works in a good company, and if she can't enter university, she works as a laborer. I read on the Internet that 78 percent of

Mongolians go to university. Also, I read that at colleges, the gender balance is about equal, but at universities, about 70 percent of the students are women.

I can't speak Korean yet, not even make to introduce myself, I can't understand well. I worry that other Koreans might think that I came to Korea through a marriage agency and think negatively about me.

There seems to be no big gaps between life in Mongolia and Jeju. I lived in an apartment there, and I also live in an apartment here. I consider Jeju a smaller city. I think it'd probably be different if I lived in Seoul. But, Jeju is still part of the country, and I don't feel a huge gap between Mongolia and Korea.

Living in Jeju

I go to the Jeju Migrant Workers' Center Mondays and Wednesdays. I don't go out the whole week, except when I go to the park or other places with my husband on Sundays, or when I go to the Center. I watch TV programs and use the Internet at home during the day when I have no classes at the center.

There is a Mongolian community. There is a lady who lives in ○○. Once I met a woman who speaks very good Korean. She's been here six years and is also married. She often goes to the Center. But because her baby still too young, she doesn't show up in the Center now. There are also other Mongolian women who go there. I keep in contact with three people in Jeju. I heard two new Mongolian women are coming to Jeju soon.

I know one person who got married through a marriage agency. Her husband is divorced, so this was his second marriage. She has two step-children, but when she got married, she didn't know about the children. They often fight about the children. She hates Jeju. She came to Jeju four months ago and she can't speak Korean yet. Besides her, the other Mongolian women who live in Jeju love their life in Jeju. When the Mongolian women who live in Jeju city get together, we gather in my house and we cook Mongolian food.

There was a woman who came through a marriage agency a short while ago. She came along with seven other women, too. She came to Jeju, and the others went to different place. I heard that the number of Mongolian women who get married in Korea through an agency is growing.

Wishes and dreams

Once I have my baby, I'll have to look after it for at least 3~4 years. I applied to the Center for help when having a baby, so an aide will come. I tried to ask my mother-in-law, but she is already old. I didn't invite my mother to visit Korea, and I will try to invite her in spring of next year.

My husband is really helpful to me. I don't feel homesickness yet or miss Mongolia.

Kim Misu

- born in Arhangai, Mongolia
- 29 years-old
- first came to Korea in September 2000, after she took a horse performer examination at a Mongolian university, second year student
- returned to Korea in August 2005, after she met her husband who works for the Korea Horse Affairs Association (44 years old), fell in love and went to Mongolia with her husband in April 2005, and a applied for marriage
- had a wedding ceremony in March 2006 and lives with her husband and 2 year-old daughter
- studies Korean by herself and is satisfied with her life at present

Changed name

People find it difficult to pronounce my Mongolian name, so I changed my name. Now, they can say my name easily. When I say my Mongolian name, it's hard for people to write it. I went to the hospital one time due to same pain, and the nurses couldn't write my Mongolian name. I haven't registered under the name of Kim Misu yet, but I will apply in October this year.

Life in Mongolia and move to Korea

I'm 29 years old. I was born in Arhangai on August 25, 1979. Arhangai is 500km away from Ulan Bator city. My mother passed away, and, my father and three younger sisters and one younger brother are in Mongolia, except for my elder brother. My elder brother is already married. We're six siblings. After entering university, I left to come here.

When I was in Mongolia, I had to go to the city to study at a university because my home is in the countryside. The school year starts in September. I applied and attended, but then I dropped out of university to come to Korea to prepare for my horseback riding performance. We have cattle, and my parents are raising them. But my mother thought women have to go to school, too.

I can ride horses well. I heard about a need for people to perform horseback riding in Jeju, and I thought, "I'd like to go." I wanted to go to a foreign country, so I took the examination and came here.

While I was preparing to go to Korea, my father worried about me. He said, 'How can you live in Korea?' I answered, 'I need to take this opportunity.' And, my father replied, 'Do your best!' Mongolian parents are often like this. When their children want to try something, they don't oppose them.

Occupation in Korea, meeting with husband and marriage

I came to Korea in September 2000, for a horseback performance. I worked here and went back to Mongolia with a visa problem in April 2005. At that time, my husband and I were still dating. I told him that I had a visa problem and that I had to return to Mongolia permanently. He loved me and didn't want me to leave, so we went to Mongolia together. My husband met my parents and received permission to marry me. Because my mother was sick, instead of a large wedding celebration, he just ate a meal with us and spent one day at my home. We received the legal certificate of marriage, and I applied for my marriage visa in August. I didn't have a wedding ceremony in Mongolia. After I got a visa, I came to Korea, and we had a wedding ceremony on March 8, 2006.

I worked as a horse performer, so I had a performance visa and performed many times. One day, I hurt my arm during practice, so I transferred to the office to work. I came to Korea when I was only 21 years old. I dated my husband for two years. I never imagined that I would marry him and stay in Jeju. I visited Mongolia two times before I got married. My husband has also visited Mongolia twice.

Married life

It's difficult to rely on the buses to go places. There aren't many buses, and I can't drive. I send my baby to the day care center. My daughter is 2 years old now. I live with my husband and my daughter, and my parents-in-law live next door. They are kind.

My parents-in-law farm here. My mother-in-law wouldn't let me farm. She said, 'In my opinion, a Korean woman should help in farming. But you are a foreigner!' Even if I'd like to help mother-in-law, I can't, because I don't know how to farm.

I'd like to do something like Mongolian translation work.

Living in Korea, adjustment to Korean culture

When I first came to Korea, before getting married, everything was hard; the weather, food, everything, even the water tasted different. I became accustomed to live in Korea after three months, but even now I can't eat spicy food.

I don't know anything about Korea. I learned everything I know about Korea from my life here. Even if I would like to study, I don't have time. I study Korean language by myself at home. Because I worked only for Mongolian people, I didn't have the chance to talk with Korean people. I read books and study at home. I could speak Korean when I got married. I just love my husband. (Laughter) When my husband is anxious, I speak using a dictionary. I still do not speak Korean well.

After getting married, I got pregnant, gave birth and started to raise my child. Because I have to take care of my baby all the time, it's difficult to go out. I always have to return home to prepare my baby's milk. But one good thing is that my friends are living nearby.

Mongolian faces are similar to Korean faces. Even though I can't understand Korean well, I think I can tell when people are saying good things and when they are saying bad things. Most people treat me very warmly. Maybe because Koreans and Mongolians are originally from the same ethnic group. Even if Mongolian people come to Korea, we are living like Korean people. I am totally fine living here.

Korean and Mongolian customs are different. My parents can't come to my house and live with us. But parents-in-law live together with the family in Mongolia, and it's no problem. We don't have ancestral rites in Mongolia. Ancestor worship in Jeju is observed by pulling out the weeds around the tomb, and preparing a lot of food for the ceremony. The woman does this by herself and goes on past midnight, after all the male family and relatives have paid respect to the ancestor. I don't really understand this custom.

Mongolian society is a little more liberal than Korean society. Because of Russian influence starting about thirty years ago, our culture isn't that complicated anymore. Even if a wife dresses or undresses in front of her mother-in-law, it isn't a problem for Mongolian. But in Jeju, you can't do that.

In Mongolia, our spices and seasonings aren't that strong. Korean food is opposite. They season their dishes with different spices. In Mongolia, I ate meat every day, but not here. I don't mind. If Korean people eat meet every two or three days, they think it's too much. Korean people like to eat vegetables.

Living in Jeju

Jeju Island is good. I heard there are a lot of Mongolian people in Jeju in particular. It's good for me.

I lived in ○○. My mother-in-law said that young people should move to the town, away from the countryside, but I am used to living in this kind of situation. If I want to visit the city, then I can just go by car.

Foreign women who want to enter Korea through marriage should do their best to find out what kind of man the Korean is. If they don't, they will have a hard life. I have seen and heard a lot of cases. Whenever I see them, it breaks my heart.

I would like to volunteer at the Welfare Center and help them, but right now I can't. Our house is far, and my baby is still young. I will visit the Center this spring to take the computer class. It's difficult to participate with a baby.

I like the public bathhouse a lot. Sometimes I can't go to the public bathhouse, because I have to leave early to feed my baby. I have to feed him every two hours. It's hard to take care of a baby. I decided to send my baby to the day care center because I'm tired. (Laughter)

Wishes and dreams

I should only live within my means. I cannot read people's mind and live with their expectation.

Part 3 Living with 'New' Koreans in a Multi-cultural Society

Support Networks for Female Marriage Immigrants

Building the Foundation for a Multi-cultural Society

Support Networks for Female Marriage Immigrants

1. Local Governmental Support Services in Jeju Province

International marriage between Korean nationals and Chinese steadily increased until 2005, and marriages with foreigners other than Chinese[4] have escalated from 2006. Marriages with women from Vietnam, in particular, have substantially increased each year since 2003.[5]

---

[4] The mains factors resulting in this are the Implementation of the Employment Management System, 'The Special Case Employment License System' and 'Visitors Employment System' for the Chinese-Korean ethnic group. The 'Visitors Employment System' addresses the difficult application for almost all visas under the Immigration Control Act, establishing that it is economically beneficial and that overseas Koreans should receive equal rights to the South Korean people. On August 17, 2004 and December 9, 2002 the government implemented the improved law of 'Special case Employment License System' and 'Employment Management System', respectively. The 'Visitors Employment System' allows the Chinese-Korean to enter Korea to work without a marriage to a Korean, which was previously the most common method.

[5] The figures are from 1,522 cases in 2003 to 2,358 cases in 2004, 5,638 cases in 2005, and 9,812 cases in 2006.

The 'Korean Center for Human Rights of Immigrant Women' tackled human rights issues, such as domestic violence among female marriage immigrants, in a policy symposium in 2004. This sparked the national government's interest in female marriage immigrants and, soon after, the Ministry of Gender Equality and Family established two shelters for immigrant women victims of domestic violence funded by the Korean national lottery. In addition, Pacific Chemistry agreed to donate ₩200,000,000 (about $21,390,374) each year for 5 years to the Ministry of Gender Equality of Family, totaling ₩1,000,000,000 (about $10,695,187), for the benefit of migrant women. This fund helps provide Korean education and child-rearing support to female marriage immigrants, with the creation of the 'Korean Center for Human Rights of Immigrant Women' in 2005. The government's interest in female marriage immigrants extends across all of Korea, and it seeks to address the social issues of international marriage, the changes to Korean society resulting from the influx of female marriage immigrants, and human rights.

The Ministry of Health and Welfare conducted a survey of female marriage immigrants in 2005, and based on the findings of this survey, the government formulated policies concerning the female marriage immigrants. The Korean government implemented, in April 2006, 'support measures for the social integration of female marriage immigrant families and mixed-race families'. With this, the government has set up support measures for the immigrant women who enter Korea through international marriage.

Various laws were amended to better serve the needs of marriage immigrants, foremost the Immigration Control

Act, in September 2005. In particular, the revision of the Immigration Control Act included changes to the length of permanent residency rule, which significantly affects the lives of female marriage immigrants. The government reduced the residency requirement from five years to two years. From May 2006, the National Administrative Guidelines were also revised for the benefit of immigrants. In the past, many marriage immigrants who sought divorce before naturalization lost their chance for citizenship because they could not successfully communicate the reason for divorce. According to Korean law, when the divorce cannot be attributed to the husband, the immigrant woman cannot become a Korean citizen.[6] NGOs focusing on women's issues successfully campaigned for the revision of the guidelines, resulting in a modification that would protect women migrants from status instability.[7] Taking into consideration the difficulty for immigrant women to prove an attributed reason for divorce, the NGOs can now issue a written certification in support of the case of the female marriage immigrant. For the provision of this law, female marriage immigrants with children are given priority in obtaining citizenship.

On a practical level, the emergency hotline number (1577-

---

[6] A simple naturalization system was prepared in 2004.
[7] The revision contents included: 1) When the spouse is deceased, or on divorce or separation from a Korean national with an attributed reason, residency and employment are granted for the foreigner spouse (F-2 visa); 2) When there is an attributed reason for separation on both sides, the foreigner spouse has employment privileges and permission to visit the children (F-1 visa); 3) The permanent resident rule, previously requiring a stay for more than 5 years, now allows application for citizenship after 2 years (F-5 visa; and 4) An Employment Assistance system is also provided to prepare the foreign spouse to get a job without assistance, and without the need for stay permission procedure.

1366) for immigrant women who encounter domestic violence or other urgent difficulties has been active since November 9, 2006. Since 2007, female marriage immigrants with children have been provided with the 'National Basic Living Security System'. After-school programs and centers for children of multi-cultural homes, as well as day care centers, opened for female marriage immigrants in 2007. A support and education system for Korean social integration, cultural education, and provision of information and resources has also been established.

The 'Law on the Treatment of Foreign Residents in Korea'[8] was enacted on May 17, 2007. The directive prescribes that the national and local governments bear the obligation for policy establishment on the treatment of foreign residents in Korea (Article 3). It is further prescribed that the government will support the private sector in establishing its own support for foreign residents (Article 21). Policy regarding the treatment of foreigners should be determined following deliberation by the foreign residence policy committee, the administrative committee, and sub-committees, each of which consists of state administrators and private sector experts (Article 8).

The Ministry of Justice has generalized the policies for foreign residents in Korea, including marriage immigrants. The Ministry of Gender Equality and Family supervises

---

[8] This law was prepared in Korea by the Employment Management System to support the foreigners' adjustment to Korean society, in order to prevent policy conflicts among fragmented regional policies established by the relevant authorities, leading to a waste of economic resources. This law enables the foreigner to integrate into Korean society and most effectively achieve his potential. When Korean society and foreign immigrants achieve mutual understanding, it will be most conducive to the development of Korea and social integration (Article 1).

measures for marriage immigrants in a meeting dated May 3, 2007. The main support services for marriage immigrants' homes provided by the Korean government authorities are identified below ⟨table 3-1⟩.

⟨table 3-1⟩ Support system of the Korean government authorities to international marriage households

Ministry of Justice	- Relaxation of application for the permanent resident rule of marriage immigrant (September 2005) - Permission of domestic stay to visit children of marriage immigrant, in cases of divorce or separation
Ministry of Gender Equality and Family	- Education of husband and wife with family consultation - Mentoring of female marriage immigrant - Development of teaching materials - Operation of Korean classroom - Publication of motherhood care guide - Establishment of support center for marriage immigrant family
Ministry of Health and Welfare	- Cost of living and school expenses aid to mixed race families (entrusted to Pearl Buck foundation) - Medical treatment and dwelling salary aid to mixed race families - In cases of immigrant marriage families, exclusion of the income and assets of the female marriage immigrant from evaluation when examining basic living security stipendiary selection. (August 2005) - Health insurance membership information by producing foreign language leaflets (November 2005)
Ministry of Culture and Tourism	- Survey implementation on the linguistic use of female marriage immigrants (Center of National Korean Language) - Korean cultural experience event for children of migrant women - Korean lecture launch and operation (Korean Globalization Foundation) - Support for cultural art education, through social cultural art education support management
Ministry of Education and Human Resources Development	- Educational support measures to prepare children of multi-culture families (ongoing)

The Korean government decided to establish a law that regulates international marriage agencies and brokers by 2007. It also directed every regional area to establish Marriage Immigrants' Family Support Centers under the supervision of the Ministry of Gender Equality and Family. The Ministry of Education and Human Resources Development, meanwhile, promotes multi-culturalism in the school system and provides educational support services for the children of immigrants. The concerns of 'Marriage Immigrants' Family Support Center' (2006) and the services for marriage immigrants (2006) are listed as follows ⟨table

3-2⟩ and ⟨table 3-3⟩.

⟨table 3-2⟩ Korean 'Marriage Immigrants' Family Support Center' concerns (2006)

	Projects	People	Activities
Educational Programs	Education of Korean Language	38,887	Operation of the Korean classroom
	Culture Education	9,729	Learning Korean culture, etc.
	An information-oriented Education	8,636	Operation of Computer classroom, etc.
	Job Training	992	Foreign language lecture, Technology education, etc.
	Family Education	2,786	Education for family consolidation, Education for parents, etc.
Others	Counseling	7,080	Personal counseling, resolving conjugal relations problems, etc.
	Caring for Children	15,095	Caring for children by educating parents, tutorials (learning after school), etc.
	Marriage immigrants mutual support	2,158	Marriage immigrants support group
	Information and Networking	1,095	Networking among related organizations in the area
	Culture Sentiment Aid	5,824	Matching a mother and a supporter's family etc.
	Total	92,282	—

⟨table 3-3⟩ 'Services for marriage immigrants' (2006)

	Korean Language	Multi-culture	Counseling	Support for children	Attendant dispatch before and after childbirth
Seoul Bethlehem	208	50	50	72	125
Daejeon Moise	303	14	21	23	145
Hanwoori Family love Center	229	26	16	10	70
Gangwon-do housewives' gathering	492	232	0	252	219
Naju Marriage immigrants' family support solidarity	273	52	20	20	125
Total	1,505	374	107	377	684

As seen in ⟨table 3-1⟩, ⟨table 3-2⟩, and ⟨table 3-3⟩, the Korean government offers various services to marriage immigrations. Next, local government measures will be discussed.

Firstly, a law was enacted to regulate international marriage agencies. Jeju province authorities established a 'Jeju Ordinance for International Marriage Home Support' in April 2007. According to Article I of the ordinance, as part of the healthy family campaign, the local government will provide financial incentives in support of international marriages for single men and women who are more than 35 years old and living in Jeju. Its goal is to counter the low-childbearing rate that may result in a so-called aging society. This was originally initiated by Jeju's non-governmental organizations, with the objective of remedying the problem of Korean low-childbearing rate through the entry of immigrant women. However, Jeju's non-governmental organizations are now appealing for the withdrawal of this ordinance since the marriage agencies seem to be reaping the greatest benefit.[9]

We next discuss the 'Marriage Immigrants' Family Support Center.' These national centers have been established in nine areas, to be managed locally based on the support measures outlined by the Korean government.

---

[9] Non-governmental organizations in Jeju area requested the withdrawal of the ordinance, and the government acknowledges that the law and policies are based on multi-culturalism in order to assist the assimilation of foreign immigrants into Korea and help the home life of multi-cultural marriages. The 'Fundamental Law on the Treatment of Foreign Immigrants in Korea' creates a social environment in which foreign immigrants in Korea can more easily fit into the community, understand the culture and history, and respect Korean society. It was enacted into law on July 18, 2007, to establish and carry out social integration. The female marriage immigrant also confronts difficulties in a multi-cultural home, which is the concern of the 'Multi-Cultural Family Support Law' under the Ministry of Gender Equality and Family. As Jeju authority has already published a 'resident foreigner support ordinance' on March 9, 2007, the citizens argue that establishing special regulations on international marriage home support may go against the protection of human rights of female marriage immigrants.

'Jeju Marriage Immigrants' Family Support Center' was established, under the division of Women Policy of Jeju government authority, in October 2006. Its operation is entrusted to non-governmental organizations with expertise in the field of foreign immigrants. The Jeju government authority entrusted its management to the Jeju Migrant Workers' Center, a non-governmental organization, in 2007. Jeju government authority delegates the concerns for 'Child Nurturing Support of Marriage Immigrant Families' to 'Jeju Marriage Immigrants' Family Support Center'. In line with this, the Marriage Immigrants' Family Support Center dispatches childcare attendants for marriage immigrants' children for families that request attendants during the application periods in April and August. An after-school program is also conducted for children of marriage immigrant families. Numerous students are now going to the Marriage Immigrants' Family Support Center instead of the private institutes.[10]

On the other hand, support concerns for female marriage immigrants have been planned in cooperation with the 'National Fund for Women Development' 〈table 3-4〉. The 'cyber relaxation place' for female marriage immigrants has been operating, with an Internet cyber café in place. Likewise, information-oriented free education is being set up to ease the settling process of the rapidly increasing female marriage immigrants. Aside from this, computer education and Korean language education programs for marriage immigrants are administered through the local

---

[10] The budget of this office (from lottery funds) is ₩76,800,000 (about $82,139) (from the National Treasury). The beneficiaries are marriage immigrants with children from 0 – 12 years old (Support target home – 90 homes). This budget operated from April – December 2007.

government on a village level. However, as of yet, there are few participants in the programs in the town-level community programs. According to one town official, the various programs have proved difficult to manage.

⟨table 3-4⟩ Support Operations of 'National female development fund'

Name of group	Name of operation	Support fund (₩)	Operation time
Jeju YWCA	A mentoring project for the prosperity of marriage immigrant women: 'I'll be Your Mother'	4,655,000 (about $4,979)	June~Nov.
Jeju Special Self-governing Domestic Travel Agency Association	A project on 'Getting to Know the Immigrant Community in Jeju'	1,853,000 (about $1,982)	Early June
Jeju City Female Group Conference	Festival for female marriage immigrants	3,753,000 (about $4,014)	Sep.~Dec.
Jeju City Branch of the Whole Country Housewife Classroom	'Happiness in the International Marriage Home'	4,351,000 (about $4,653)	May~Dec.
Jeju Meeting for Living Improvement	Business training for immigrant women	2,318,000 (about $2,479)	May~Nov.

In addition, educational activities promoting multi-culturalism are supported by the Jeju Office of Education. The Office of Education primarily supports four wide-reaching ventures: encouraging multi-culturism and international understanding, developing guidance materials for multi-cultural homes, supporting social guidance and consultation, and supporting educational cooperation efforts of related organizations, with a 2007 budget of some ₩60,000,000 (about $64,171).

2. Network of Civil Society

Jeju Foreigner Peace Community and Jeju Migrant Workers' Center have undertaken various activities on behalf of immigrant women, female marriage immigrants, foreign workers and their families, and other foreigners in Jeju. Jeju Foreigner Peace Community supports the peaceful integration of foreign cultures into Jeju society. It offers activities for easing the settling of immigrants into Korean society and raises public awareness of multi-culturalism. The organization is insisting on the withdrawal of the ordinance 'Jeju ordinance on international marriage home support'. Jeju Migrant Workers' Center[11] offers many services for female marriage immigrants, along with foreign workers and international students, the number of which has also recently been increasing rapidly. Since 2007, the center has taken responsibility for the operation of Jeju Marriage Immigrants' Family Support Center as mandated by the Jeju government in 2007. It manages the center and supports various programs for female marriage immigrants, including 1) education activities – Korean culture school; Life in Korea classes (computer classes, scenic classes, cooking classes etc.); cultural experience field trips to sites of cultural and historical sites and tourist spots; pregnancy, childbearing and child care advice; 2) consultation services-consultation for multi-cultural homes; 3) medical concerns; 4) operation of a shelter for women from multi-cultural

---

[11] Members of religious groups and members of related NGOs established this center on March 26, 2002 in order to provide activities supporting the adjustment of expatriate workers to Korean society. It has also established and manages the 'Korean cultural school' since 2004, aiming to provide educational opportunities for foreigners.

homes; 5) human rights concerns; 6) international cooperation ventures; 7) events related to the different seasons (such as festivals during the New Year's Holidays, the Harvest festival, and others).

The Social Welfare Center of Seogwipo City offers similar support services for marriage immigrants who live in Seogwipo city, Jeju province. They operate a program called 'New Citizens of Seogwipo' which includes Korean education, family adaptation education, information-oriented education and cooking classes; consultations for marriage immigrants and their families; cultural activities such as film viewing, family work-study, community culture inquiry, multi-cultural family forum, kimchi-making, and family picture-making; marriage immigrants' self-help community group (gathering by nationality); public relations network development including information services, leaflet-making, and network building among marriage immigrant support organizations; and job related support.

Seogwipo Migrant Workers' Center is connected with the Marriage Immigrants' Family Support Center, which is being managed by Jeju Migrant Workers' Center. This center undertakes support efforts for the marriage immigrants who live in Seogwipo city. There are various activities like autumn evening food festival, which the group launched recently, at which marriage immigrants and their families experience the holiday dishes of immigrants' home countries.

2007 Jeju Multinational Festival (photograph by Jejusori)

▲ 2007 Jeju Multinational Festival (photograph by *Jejusori* · Yang Young Ja)

Seogwipo Women's Hall also conducts Korean language education as an event for female marriage immigrants in Seogwipo city. The Jeju's Western Social Welfare Center is backed by Jeju Social Welfare Community Chest, and is tasked to carry on projects for adaptation in Korean living and multi-culture homes for female marriage immigrants. This is achieved through Korean language education, cooking classes, childbearing and child-rearing classes, and others. The Jeju branch of the National Agricultural Union additionally has arranged home visits and mentoring exchanges between Korean women and female marriage immigrants.

Jeju Women's Solidarity of Human Rights has developed support activities for female marriage immigrants, focusing on human rights issues. Several marriage immigrants who experienced domestic violence and hardships requested consultations with counselors from the organization. The Jeju Migrant Workers' Center manages the 'Marriage Immigrants' Family Support Center,' which also offers support consultations. In Jeju Migrant Workers' Center, there were 118 general consultation requests in 2006, on topics ranging from divorce matters to requests to enter women's shelters to questions regarding educational programs. Consultation requests pertaining to domestic violence are numerous, resulting in 30 admissions to women's shelters only in the first half of 2007. There were several female marriage immigrants who asked for consultation regarding domestic violence problems, including female marriage immigrants from China (including the Chinese-Korean ethnic group), Vietnam, and the Philippines (according to interviews conducted by Jeju Migrant Workers' Center). They usually visit Jeju Migrant Workers' Center or Jeju Women Solidarity of Human Rights, and upon consultation, enter the shelter for a short period. The process involves initiation of talks with their husbands, with the husbands writing a memorandum of agreement that violence will not be used from here on. In addition, when domestic violence results in the female marriage immigrant wishing to file for divorce, the organization assists the women in the divorce procedure. In cases in which the husband's violence results from alcoholism, he is referred to an 'alcoholic consultation center.' The husband has to guarantee that he has abided by the consultation and counseling. In cases where domestic violence is serious, and the female marriage immigrants seek divorce, the counselors refer the case to a lawyer.

As mentioned above, the Korean government is currently preparing its legal, systematic, and political tools for female marriage immigrants. Although the government has launched efforts in support of female marriage immigrants, there is a possibility that these yield only temporary results at one-time events, as opposed to sustainable results, in order to appear that the government is investing great efforts on behalf of marriage immigrants. Recently, the government has reduced its direct involvement in this sort of programming, entrusting these projects instead to various non-governmental organizations, even though some of these groups have limited expertise in addressing the concerns of female marriage immigrants. In these cases, it is also unlikely that they will achieve sustainable results. In addition, at present, almost all programming focuses only on the immigrant women themselves, featuring programs such as Korean language education and Korean cooking and culture classes. In the future, these efforts must be extended to encompass female marriage immigrants and their families, with a specific target on the husbands and parents-in-law, in order to encourage respect for the women's home cultures and multi-culturalism.

The Jeju government is promoting various programs in support of its becoming an 'international free city' and a 'peaceful island.' Yet, to build a true "peaceful island", the local government of Jeju must consider the minority groups living on the island and the necessity of installing multi-culturalism at the foundation of its efforts. Therefore, it is highly important to develop the public-private support service system and the support network of non-governmental organizations for female marriage immigrants who live in Jeju.

Building the Foundation for a Multi-cultural Society

Female marriage immigrants come to Korea to achieve their dreams of a better life. However, inhumane treatment, oppression and discrimination of women from the Third World are often present in international marriages. Since female marriage immigrants generally migrate from developing countries in Asia, such as China and those in Southeast Asia, marriage of Korean men and foreign women puts the social status of the female from all countries under scrutiny, and the immigrants are forced to confront the prejudice, discrimination and oppression of Korean society. What we also discover is that far from being an international marriage problem alone, marriage immigrants face individual difficulties, as well.

More specifically, in some instances, human rights are violated at the outset when female marriage immigrants enter the country after having received the wrong information from the marriage agency and service business. This may be considered a form of human trafficking, as they marry into poor families and experience not only poverty, but also cultural and linguistic barriers. Some of the female marriage immigrants interviewed in this study have faced this situation, too. Most of the agencies charge up to ₩20,000,000 (about $21,390), or an average of ₩10,000,000 (about $10,695). This reflects the commercialization of marriage, as the marriage agencies seek to make a profit out of the union of two persons. In 50% of all cases, the husband pays the full service fee to the agency. In 18% of cases, the wife pays the service fee, and in 14% of cases, the cost is split between the man and the woman. International marriage is, then, foremost a profit-making business.

In response to this situation, certain local governments, such as that of Namhae, Gyoungnam province and Haenam, Jeolla province, reimburse an international marriage couple an average of ₩5,000,000 (about $5,348) for the marriage cost. Jeju province authorities established a 'Jeju Ordinance of International Marriage Home Support' in March in 2007, to support international marriage among single men and women who are more than 35 years old. This initiative attempts to remedy the low birth rate and encourage the creation of healthy homes (Article 1). However, the ordinance seeks to resolve the Korean low-childbearing rate problem through the entry of immigrant women, which is also seen as a problem. In 2007, there were more than 20 international marriage brokers operating in the Jeju area. Evidently, the international marriage agencies and brokers have flourished as a result of the ordinance, increasing the commercialization of marriage.

Besides these difficulties of the human rights aspects and commercialization of international marriage, troubles regarding communication, cultural acclimatization, providing for the child's education, and legal and economic circumstances prevail on a practical level. These are all significant problems encountered by the female marriage immigrants in their daily experiences at home. The inability to communicate in Korean can result in a strained relationship with the husband's family and unfamiliarity with and inability to understand the ancestor worship ceremonies and differences in etiquette. The language problem also brings difficulty to the children's education. It is therefore urgently necessary that the support system for marriage immigrants is strengthened. Most of the female marriage immigrants we interviewed experienced many uncertainties, with particular concerns about raising and educating their children.

The female marriage immigrants are eager to succeed economically in Jeju society, but they often confront a conflict of interest with the family of the husband. The relatives usually wish that the wife will lead a homemaker's life, and also contribute to tending the family farm. Unprepared for these circumstances, female marriage immigrants end up complaining of the difficulties of orange, garlic, or carrot farming in Jeju.

Of equal importance to the expansion of government or private programs aiding female marriage immigrants in Jeju society, the interest of the family and the local community's support of female marriage immigrants also was a significant concern of female marriage immigrants. One interviewee said, "The family's respect and attention are more important to the female marriage immigrants than any kind of support from the national or local governments." She said that in addition to programs for the women alone, various educational programs catering to the families of marriage immigrants must also be initiated. Human rights and multi-culturalism should be included in the educational programs of all local communities. In addition, as the female marriage immigrants attempt to adjust to life in Korea, professional consultation offices that address their psychological needs are necessary (Quoted from an interview with a marriage immigrant).

When female marriage immigrants encounter problems with the Korean legal system related to stay qualifications, divorce proceedings, and trials after the divorce, they struggle with interpretation problems and experience difficulties in completing the complicated procedures. It is urgent to draw up a support plan addressing this matter, as the underlying agreement of the Korean spouse or the husband's family, the background guarantee of the spouse, and other economically important issues are indispensable to the nationality acquisition process and all other administrative procedures related to the legal status of the marriage immigrant. In many cases, immigrants who marry Korean spouses do so for the sole purpose of receiving a legitimate domestic stay, subjecting her to an unfair marital relationship, and further subordination of the immigrant spouse in the household and in Korean society. Before the marriage immigrants become naturalized citizens in Korea, female marriage immigrants are left out of Korean welfare policies, which do not benefit non-naturalized residents. Numerous female marriage immigrants are engaged in farming and fishing, and are experiencing economical difficulty. To address all of these issues, relevant legal and systematic provisions are needed.

Jeju province asserts to be an 'international free city', and should, therefore, advocate the protection of human rights for all of its citizens. Officials of Jeju envision transforming the province, the nation, and even the entire world based on the ideals of this 'peaceful island.' Considering these claims, support for immigrants, including female marriage immigrants, and encouragement of a plural society must be urgently addressed by the Jeju government. The first step to realizing this 'international free city' is to combat ethnocentrism and promote multi-culturalism, respecting the cultural diversity of female marriage immigrants and other immigrants living in Jeju.

Today, Jeju province is developing various programs of intervention, on the government level and from civil society, to actively address the needs of marriage immigrants. These interventions will emphasize human rights and the protection of female marriage immigrants' interests. Female marriage immigrants, as members of Jeju society eager to assimilate and contribute to the development of society, should be respected, and their rights as citizens should be upheld. The interest and support of female marriage immigrants' families and the local community are very important, so programs for female marriage immigrants' families must also be prepared.

Once we recognize that the marriage procedure in particular results in human rights violations, we realize that the social influences and mechanisms which motivate and regulate international marriage must be improved. The government must monitor international marriage agencies in order to protect the rights of female marriage immigrants. Under the present registration system, marriage agencies only declare to the government that they will do business. The government must institute, in place of the registration system, a license system that involves a monitoring and evaluation process. In this way, marriage agencies will be forced to desist from false advertising and mistreatment of the female immigrants, and conform to international standards. To secure the rights of female marriage immigrants and their children, there is an urgent need for national education on and extensive promotion of human rights issues. Education on human rights should begin from kindergarten, where discrimination often starts with behaviors and attitudes disrespectful of multi-cultural families and children. In addition, local government and university officials and members of neighborhood committees should receive education on human rights issues. The Jeju provincial education bureau is now establishing working groups for the development of educational material strengthening multi-cultural and international understanding, for the purpose of providing support to multi-cultural families.

Above all, our social, economic, and cultural recognition of female marriage immigrants needs to change. Female marriage immigrants are independent actors in the living world, women with judgments and dreams regarding the direction of their lives, who choose marriage as an economical upgrade, in order to have access to greater opportunities in life. The notion that marriage immigration is fundamentally economic is a social issue, but this should not be divorced from the understanding that marriage immigrants are dedicated to their lives in Korea and must receive the same support as any native resident. In theory, communities are already accepting of this latter idea. One NGO representative asserted in a speech, "Immigrant women are residents just like we are. We have to abandon the idea that marriage immigrants live any differently than we do, and accept them freely into ordinary society." We also have to be aware that the violation of human rights and discrimination among female marriage immigrants can be alleviated by a series of policies that will protect and support female marriage immigrants.

제주사회의 여성결혼이민자들 - 선택과 딜레마, 그리고 적응 -
ⓒ 염미경 · 김규리, 2008

이 책의 아이디어나 견해는 반드시 유네스코의 관점을 대표하지는 않습니다.
이 책에서 사용된 자료들은 어떤 국가나 도시 혹은 그 관계당국의 법률적 지위에 관한 유네스코의 견해를 담고 있는 것은 아닙니다.
이 책의 저작권은 유네스코와 저자에게 있으며 저작권자의 사전 서면 승인 없이 이 책의 어떤 형식의 복제도 금합니다.

The ideas and opinions expressed in this publication do not necessarily represent the view of UNESCO.

The designations employed and the presentation of materials throughout the publication do not imply the expression of any opinion whatever on the part of UNESCO concerning the legal status of any country, territory, city or of its authorities, or concerning its frontiers or boundaries.

All rights reserved. No part of the material protected by this copyright notice may be reproduced or utilized in any form or by any means, electronic or mechanical, including photocopying, recording, or by any information storage and retrieval system, without written permission from the copyright owner.

United Nations
Educational, Scientific and
Cultural Organization

이 책은 2007년도 유네스코 베이징사무소의 지원에 의해 출판되었음

Published in 2007 by the United Nations Educational,
Scientific and Cultural Organization
Beijing Office
5-15-3, Jianguomenwai, Waijiaogongyu
People's Republic of China, Beijing 100600

펴낸곳 |

Printed in Korea

저자소개

■ 염미경
- 2003년부터 제주대학교 사회교육과 교수로 있으면서, 국내외 지역사회연구를 해오고 있고 사회학과 문화인류학 분야를 가르치고 있다.
- 주요 저서로는 『기억에서 영상으로: 5·18영상채록』(1999, 공저), 『일본의 철강도시: 성장정치와 도시체제의 변화』(2001), 『전쟁과 사람들: 아래로부터의 한국전쟁연구』(2003, 공저), 『전쟁과 기억: 마을공동체의 생애사』(2005, 공저) 외 다수가 있다.

■ 김규리
- 제주대학교 행정학과를 졸업하고 대학원에서 교육학석사학위를 받았다.
- 주요 논문으로는 「천주교의 지역화와 지역사회에 미친 영향」(2007, 미간행), 「제주도에서 천주교의 성장과 마을공동체의 변동」(2007) 등이 있다.